新时代新思想标识性概念丛书
XINSHIDAIXINSIXIANG
BIAOSHIXINGGAINIANCONGSHU

国家治理体系和治理能力现代化

刘须宽 ◎ 著

人民日报出版社
北 京

图书在版编目（CIP）数据

国家治理体系和治理能力现代化 / 刘须宽著 . —北京：人民日报出版社，2019.5
ISBN 978-7-5115-5998-2

Ⅰ . ①国… Ⅱ . ①刘… Ⅲ . ①国家－行政管理－现代化管理－研究－中国 Ⅳ . ① D630.1

中国版本图书馆 CIP 数据核字（2019）第 076760 号

书　　名：	国家治理体系和治理能力现代化
作　　者：	刘须宽
出 版 人：	董　伟
责任编辑：	周海燕　孙　祺
封面设计：	张合涛
出版发行：	人民日报出版社
社　　址：	北京金台西路 2 号
邮政编码：	100733
发行热线：	（010）65369509　65369527　65369846　65363528
邮购热线：	（010）65369530　65363527
编辑热线：	（010）65369518
网　　址：	www.peopledailypress.com
经　　销：	新华书店
印　　刷：	大厂回族自治县彩虹印刷有限公司
开　　本：	710mm×1000mm　1/16
字　　数：	250 千字
印　　张：	16
印　　次：	2020 年 1 月第 1 版　2020 年 1 月第 1 次印刷
书　　号：	ISBN 978-7-5115-5998-2
定　　价：	38.00 元

前　言

2016年5月17日，习近平总书记在哲学社会科学工作座谈会上的重要讲话中，对我国哲学社会科学发展状况进行分析时明确指出："我国是哲学社会科学大国，研究队伍、论文数量、政府投入等在世界上都是排在前面的，但目前在学术命题、学术思想、学术观点、学术标准、学术话语上的能力和水平同我国综合国力和国际地位还不太相称。"同时强调，要着力构建中国特色哲学社会科学。构建中国特色哲学社会科学，基础在建构学科体系、学术体系、话语体系，关键在构建话语体系，核心在提炼标识性概念和范畴。只有从中国革命建设改革的伟大实践中提炼出标识性概念和范畴，才能形成自己的话语和话语体系；只有构建了一套系统科学的话语体系，才能建构好相应的学科体系与学术体系；只有建构好了学科体系、学术体系、话语体系，才能构建好体现中国特色、中国风格、中国气派的中国特色哲学社会科学。

概念与学科建构、理论发展之间密切相关，犹如细胞与生命一样的关系。标识性概念的缺乏或不成体系，科学理论难以形成，学科体系也无从建设。标识性概念既是中国特色哲学社会科学发展的基础，更是我们党的理论成熟的标志。概念在实践中的指向越具体，它所支撑起来的理论大厦就越具有彻底性，理论就越有解释力。马克思主义认识论认为，一个成熟概念的提出是理论创新从抽象到具体的必经阶段。也就是说，理论创新首先要提炼概念或概念创新。只有当不断提炼的概念得到认识与认可，它才有生命力，进而才能使理论明晰而实现逻辑化、系统化和科学化。

虽说我们在解读中国实践、构建中国理论上最有发言权，但因我们能得到国内外认同的标识性概念和范畴还有所缺失且不成体系，致使我国哲学社会科学在国际上的声音还比较小，还处于有理说不出、说了传不开的境地。要善于提炼标识性概念，打造易于为国际社会所理解和接受的新概念、新范畴、新表述，是构建我们的话语体系乃至学科体系和学术体系的当务之急。

我们党在革命建设改革取得辉煌成就的伟大实践中，依循着人类社会发展规律，顺应着时代特征，充分发挥创新能力，在理论上相继形成毛泽东思想、邓小平理论、"三个代表"重要思想、科学发展观，同时提炼出许多支撑这些理论的标识性概念。党的十八大以来，以习近平同志为核心的党中央从理论和实践结合上系统回答"新时代坚持和发展什么样的中国特色社会主义、怎样坚持和发展中国特色社会主义"这一重大时代课题，以全新的视野深化对共产党执政规律、社会主义建设规律、人类社会发展规律的认识，进行艰辛理论探索，取得重大理论创新成果，形成了新时代中国特色社会主义思想。党的十八大以来提炼出许多新的符合时代特征的标识性概念，这些概念因其科学性不仅成为了习近平新时代中国特色社会主义思想这一理论大厦的坚实的奠基石，而且越来越得到国内乃至国际社会的普遍认同。比如，2016年5月，习近平总书记在哲学社会科学工作座谈会上的重要讲话中指出：推进国家治理体系和治理能力现代化，发展社会主义市场经济，发展社会主义民主政治，发展社会主义协商民主，建设中国特色社会主义法治体系，发展社会主义先进文化，培育和践行社会主义核心价值观，建设社会主义和谐社会，建设生态文明，构建开放型经济新体制，实施总体国家安全观，建设人类命运共同体，推进"一带一路"建设，坚持正确义利观，加强党的执政能力建设，坚持走中国特色强军之路、实现党在新形势下的强军目标，等等，都是我们提出的具有原创性、时代性的概念和理论。

中国社会科学院马克思主义理论创新智库，拟从党的十八大以来党的创新理论中提取部分重要的核心的标识性概念进行理论和学术上的解读，形成"新时代新思想标识性概念"研究系列丛书。在选择概念和进行解读时，遵循了以下几个基本要求：一是既要体现学术性，也要体现政治性，要做到政治性与学术性有机结合。二是既要体现理论价值，也要体现实践价值。这些概念是从实践中抽象提炼升华出来的，具有重大实践价值和理论价值；同时，这些概念又对推进实践具有指导性价值。三是既要立足体现"中国特色"，也要吸收外来有益的经验与理论。四是既要立足中国，也要放眼世界。五是既要坚持马克思主义，也要体现中国优秀传统文化，做到二者有机结合。

本智库与人民日报出版社合作出版"新时代新思想标识性概念丛书"系列的第一辑，共八本。希望本套丛书有助于广大党员干部学习和领会新时代新思想。

中国社会科学院马克思主义理论创新智库　编委会

目 录

导语　为民是中国特色社会主义制度的本质属性

一、为民来自中国共产党的无私性 …………………………………… 002
二、为民来自中国特色社会主义制度的真理性和至高道义立场 …… 004
三、为民来自中国特色社会主义制度和国家治理体系的贯通性 …… 006
四、人民的制度与人民的旗帜始终高扬如何为民 …………………… 008

第一章　基本概念梳理

一、何为治理 …………………………………………………………… 013
二、治理体系 …………………………………………………………… 019
三、治理能力 …………………………………………………………… 025
四、社会治理 …………………………………………………………… 031

第二章　中国国家治理的底色

一、治理现代化要谨防西方"颜色革命"诱导的"伪现代化" ……… 041
二、善待优秀传统治理资源滋养，谨防治理的"飞来峰" ………… 055
三、以人民为中心而不是少数权贵的治理的现代化 ………………… 063
四、必须坚持共产党领导，有选择地借鉴现代西方治理经验 ……… 069

第三章　中国治理体系的搭建

一、合规律、合民意和合目的性相统一 ……………………………… 084
二、顶层设计、中观实践与微观探索相协调 ………………………… 093
三、中国、邻国、世界相守望 ………………………………………… 109

四、管理、治理、服务相支撑 ·· 119

第四章　如何实现治理体系和治理能力现代化

一、价值维度的国家治理体系和治理能力现代化 ············ 133
二、制度维度的国家治理体系和治理能力现代化 ············ 142
三、协调维度的国家治理体系和治理能力现代化 ············ 156
四、适应社会主要矛盾转化的国家治理体系和治理能力现代化 ······ 164

第五章　走向全球治理

一、全球危机呼唤全球治理 ·· 175
二、无法回避的信息化时代的全球网络命运共同体 ············ 181
三、最终走向自由人联合体 ·· 188

附录一

中国共产党第十九届中央委员会第四次全体会议公报
（2019年10月31日中国共产党第十九届中央委员会第四次全体会议通过）···· 200

附录二

中共中央关于坚持和完善中国特色社会主义制度　推进国家治理体系和治理能力现代化若干重大问题的决定
（2019年10月31日中国共产党第十九届中央委员会第四次全体会议通过）···· 210

附录三

为实现中华民族伟大复兴提供有力保证
（人民日报社论）·· 242

国家治理体系和治理能力现代化是习近平新时代中国特色社会主义思想的重要概念创新，也是新时代中国特色的话语体系的重要表述。治理体系和治理能力现代化，是一个创新概念集群。国家治理体系和治理能力作为新时代治国理政的重要思想，在政治社会中扮演极其重要的角色。国家治理体系和治理能力现代化的提出，既是对我国从新中国成立以来在现代化建设和现代化道路实践中的伟大成就、经验的理论总结，也是对新时代我国经济社会发展所面临问题和挑战的积极应对；既是本着问题导向进行治理体系的自我变革，也是顺应时代要求、体现人民意愿，更好建设中国特色社会主义制度的现实选择。

国家治理体系和治理能力现代化是实现社会主义现代化的题中应有之义。国家治理能力是一个国家能否保持富强、文明、和谐、稳定的总开关，是衡量一个政治体制文明程度的重要标杆，是一个国家核心竞争力的综合体现，是大国基业长青的生命线。只有坚持正确的国家治理观，才能激发出国家治理能力的自我提升。当前，做好国家治理体系和治理能力现代化这一重大课题的研究，需要从国家治理源头上进行正本清源，批判和提防各种错误的治理观；需要立足于马克思主义基本立场，立足于中国特色的社会主义事业，从国家治理体系和治理能力角度探究新情况，解决新问题，充实新内容，提炼新观点，为国家治理体系和治理能力现代化建言献策，为民造福，为党分忧，为国勠力同心，奋力实现中华民族伟大复兴中国梦。

导语
为民是中国特色社会主义制度的本质属性

中国共产党第十九届中央委员会第四次全体会议审议通过了《中共中央关于坚持和完善中国特色社会主义制度、推进国家治理体系和治理能力现代化若干重大问题的决定》，决定的核心是围绕着建设什么样的制度与国家治理体系，聚焦于"坚持和巩固什么、完善和发展什么"而展开。制度优势是一个国家的最大优势，制度竞争是国与国之间最根本的竞争，"依靠谁""为了谁"是判断一个制度好与坏的关键。1980年，邓小平同志在总结"文化大革命"的教训时就指出："领导制度、组织制度问题更带有根本性、全局性、稳定性和长期性。"[①] "制度好可以使坏人无法任意横行，制度不好可以使好人无法充分做好事，甚至会走向反面。"[②] 依靠制度优势提升国家竞争力，始终把人民作为全部制度安排的出发点和落脚点，是中国特色社会主义制度建设与国家治理体系建设的根本遵循。

一、为民来自中国共产党的无私性

《中共中央关于坚持和完善中国特色社会主义制度、推进国家治理体系和治理能力现代化若干重大问题的决定》是中国共产党始终

---

① 《邓小平文选》第2卷，人民出版社1993年版，第333页。
② 《邓小平文选》第2卷，人民出版社1993年版，第333页。

导语
为民是中国特色社会主义制度的本质属性

把人民利益写在自己旗帜上的又一纲领性文献,信守人民利益至上的政治宣言书。在社会主义制度出现之前,历史上还没有出现过,统治阶级的全部使命在于为了让被统治阶级生活得像自己一样好。旧制度中存在的形形色色的剥削与利益集团的操纵,统治阶级始终依靠被统治阶级无偿服务来过着奢靡的生活。在中国五千年的历史长河中,帝王治理下的绝大多数朝代都写着人民的苦难,即便是王朝盛世,也只是帝王之家的繁荣,"兴,百姓苦;亡,百姓苦。"从没有真正实现人民的幸福。自从有了共产党,中国人民的命运才迎来翻天覆地的巨变。共产党是人类历史上第一个没有私利的伟大政党,马克思恩格斯在《共产党宣言》中指出,"共产党人不是同其他工人政党相对立的特殊政党,他们没有任何同整个无产阶级的利益不同的利益"。没有私利是中国共产党领导人民建成中国特色社会主义制度的关键。

长期以来,西方的政党与理论家都试图破解一个"密码":为什么中国共产党能够从嘉兴南湖中风雨飘摇的"小舢板"发展壮大为驰骋蓝海的"航母舰队"?为什么只有十几个人的中国共产党能穿越近100年的浩淼烟云、突破重重封锁、克服多重阻碍,逐步壮大为拥有9000万党员、460万个基层党组织的世界第一大党?中国共产党为什么能领导中国人民站起来、富起来、强起来?中国的发展奇迹与社会稳定奇迹根在何处?中国特色社会主义制度和中国共产党之所以能力挽狂澜、战胜无数风险,根基在于共产党的无私性和制度的优越性。

习近平总书记也着重强调:"我们党之所以有自我革命的勇气,

是因为我们党除了国家、民族、人民的利益，没有任何自己的特殊利益。不谋私利才能谋根本、谋大利，才能从党的性质和根本宗旨出发，从人民根本利益出发，检视自己。"这是中国共产党长期执政的最大合法性来源，没有自己的私利追求，自然就能减少治世与乱世转化的频次，修正"其兴也勃焉"与"其亡也忽焉"的无序切换，终止"政怠宦成""人亡政息"与"求荣取辱"的王朝周期变化的乱局，扭转中国历史上的政权频繁更迭、兴衰治乱、循环往复所呈现出的周期性乱象。中国特色社会主义制度安排，始终坚守人民是共和国的坚实根基，把人民当家作主作为所有制度设计的出发点。遵循权为民所用、利为民所谋、情为民所系，有效阻断市场原则向党内渗透，按照人民日益增长的美好生活需要建章立制，不断总结治国理政实践中的好经验，为各种制度更加成熟定型汇聚治理智慧。

二、为民来自中国特色社会主义制度的真理性和至高道义立场

始终把人民放在首位，尊重人民的首创精神，体现人民的共同意志，维护人民的合法权益，是中国特色社会主义制度和国家治理体系的本质属性。社会主义是人类发展到最高级的共产主义社会形态的初级阶段，是按照历史发展的必然逻辑选择的最优制度，符合历史进程的内在规定性，站立在维护最大多数人利益的道义至高点上。历史唯物主义真理观告诉我们，人类社会形态与社会制度是按照进步原则不断更替的，由低级向高级，由简单到复杂。从不同社会形态的制度来审视，许多制度依靠人民，但不是为了人民，在奴

隶制国家中奴隶主依靠奴隶，但以私有财产形式占有奴隶及其全部劳动；在封建制国家，封建地主阶级以占有地租的形式榨取农民；在资本主义国家，资本家集团以占有剩余劳动的方式无偿占有工人的劳动所得。只有在社会主义制度，特别是在中国特色社会主义制度中，才能真正实现把"来自谁""依靠谁"与"为了谁"统一起来。

习近平总书记在《求是》杂志撰文指出，历史唯物主义和辩证唯物主义是中国共产党人的世界观和方法论。只要永远重视人民、始终坚信人民是真正的英雄，为人民利益而奋斗，我们就无惧任何风险、有能力克服各种困难、勇攀无限高峰。总书记要求全党：始终坚信党的根基在人民、血脉在人民、力量在人民，把人民立场作为根本立场；始终把人民放在心中最高位置，坚持为人民谋幸福；始终尊重人民的主体地位和首创精神；始终代表中国最广大人民的根本利益；始终坚持以人民为中心的发展思想，把人民对美好生活的向往作为奋斗目标，不断提高人民的获得感、幸福感、安全感；始终保持党同人民群众的血肉联系；始终坚持党的领导、人民当家作主、依法治国有机统一，更加充分地调动人民的积极性、主动性、创造性；始终把群众路线作为党的生命线和根本工作路线，坚持一切为了群众、一切依靠群众，从群众中来、到群众中去，把党的群众路线贯彻到治国理政的全部活动中。

中国特色社会主义制度是引导中华民族走向伟大复兴的制度。《中国共产党章程》的总纲开篇就讲："中国共产党是中国工人阶级的先锋队，同时是中国人民和中华民族的先锋队，是中国特色社会主义事业的领导核心，代表中国先进生产力的发展要求，代表中国先进文化的前进方向，代表中国最广大人民的根本利益。"作为"两个先锋队"的中国共产党在无数次的锤炼和考验中，不断内化凝实先锋队的价值"硬核"，不仅仅发挥着先导、先锋、模范和榜样的作用，还要为践行最高纲领，实现人类自由而全面的发展做持续斗争和努力。

三、为民来自中国特色社会主义制度和国家治理体系的贯通性

西方之乱与中国之治，隐藏在背后的东西是制度的竞争和优劣。制度与治理是否能够呈现正相关状态，关键看制度的本质与设计。中国特色社会主义制度与国家治理体系之间贯通的总开关在于中国共产党的领导制度体系控制着中枢，确保党的领导制度体系统领国家治理体系建设，把制度的优越性通过党的领导制度体系运用到具体的治理体系之中。国家治理体系和治理能力现代化，关键是要确保党的领导制度体系建设的中枢地位，不断完善中国特色社会主义的根本制度，完善人民代表大会制度这一根本政治制度，完善多党合作制度、民族区域自治制度，完善政治、经济、文化、社会、生态、军事、外交、"一国两制"等重要制度。

苏联的失败在于制度上不完善、不成熟、不稳定、不持续、不自信，没有形成一套完整的国家治理体系，在治理体系中没有摆正党的领导制度的地位和作用，放弃党的领导，放弃党指挥枪，导致亡党亡国。阿根廷从1910年到2019年，在109年的时间内更换了来自民族自治党、国家党、激进公益联盟、正义党、军人、不妥协

激进公民联盟、民族解放正义阵线、胜利阵线、中偏右"变革"联盟等党派共计38任总统。特别是2001年12月下旬,在半个月的时间内更换了五任总统,这种高频率的政权更迭,必然导致政权不稳、制度不稳、社会动荡、党派纷争增多、治理系统的治理效能低下。最近智利爆发的政治动荡,也与其制度不稳定有极大关系,自1946年6月以来,智利领导人或代理人经历了17次权力交接,领导体制的不稳,必然造成制度的不连贯,加剧治理体系混乱。这些教训启示我们,作为拥有近14亿人口的大国,制度要稳,领导人的权力交接要稳,才能持续创造经济发展奇迹和社会发展稳定奇迹。1987年邓小平在会见喀麦隆总统比亚时曾经指出:"我们评价一个国家的政治体制、政治结构和政策是否正确,关键看三条:第一是看国家的政局是否稳定;第二是看能否增进人民的团结,改善人民的生活;第三是看生产力能否得到持续发展。"习近平总书记进一步完善了这个判断标准:"评价一个国家政治制度是不是民主的、有效的,主要看国家领导层能否依法有序更替,全体人民能否依法管理国家事务和社会事务、管理经济和文化事业,人民群众能否畅通表达利益要求,社会各方面能否有效参与国家政治生活,国家决策能否实现科学化、民主化,各方面人才能否通过公平竞争进入国家领导和管理体系,执政党能否依照宪法法律规定实现对国家事务的领导,权力运用能否得到有效制约和监督。"

中国特色社会主义制度的优越性能够润滑制度设计与治理体系之间的正向联动。习近平总书记在上海考察时强调,我们走的是一条中国特色社会主义政治发展道路,人民民主是一种全过程的民主,所有的重大立法决策都是依照程序、经过民主酝酿,通过科学决策、民主决策产生的。各项制度的建立和完善也是在实践中不断听取民众的呼声,把基层摸着石头过河和顶层设计结合起来,在人民需要的地方努力做好,在人民不满意的地方认真修正,对人民满意的制度与治理方式力争更出效能。

四、人民的制度与人民的旗帜始终高扬如何为民

党的第十九届中央委员会第四次全体会议,围绕着中国特色社会主义制度建设和国家治理体系建设提出了十三个系统化的制度体系、政策和体制建设:坚持和完善党的领导制度体系、坚持和完善人民当家作主制度体系、坚持和完善中国特色社会主义法治体系、坚持和完善中国特色社会主义行政体制、坚持和完善社会主义基本经济制度、坚持和完善繁荣发展社会主义先进文化的制度、坚持和完善统筹城乡的民生保障制度、坚持和完善共建共治共享的社会治理制度、坚持和完善生态文明制度体系、坚持和完善党对人民军队的绝对领导制度、坚持和完善"一国两制"制度体系、坚持和完善独立自主的和平外交政策、坚持和完善党和国家监督体系。这些制度体系和治理体系的核心,始终是要维护人民的主体地位。

在这十三项中国特色社会主义制度和国家治理体系建设规划中,不仅仅强调健全党的全面领导制度,更是首次把"不忘初心、牢记使命"教育活动制度化,这意味着"不忘初心、牢记使命"主题教育活动将成为常态化的制度安排。提出完善坚定维护党中央权威和集中统一领导的各项制度,把党的领导细化到各项治理活动和治理体系建设之中。特别是提出坚持马克思主义在意识形态领域指导地位的根本制度，这一新提法为思想文化工作特别是新时代意识形态工作如何开展，指明了方向和提出了基本遵循。而顺应信息化、大数据、智能化和区块链技术的发展，国家也前瞻地提出要建立健全运用互联网、大数据、人工智能等技术手段进行行政管理的制度规则。

在党的领导制度体系建设中，提出了很多重大的新判断，比如强调通过健全为人民执政、靠人民执政各项制度、健全提高党的执政能力和领导水平制度；在坚持和完善人民当家作主制度体系建设中，强调健全充满活力的基层群众自治制度；在依法治国制度体系和行政体制建设中，通过加强对法律实施的监督坚决排除对执法司法活动的干预、拓展公益诉讼案件范围、实行惩罚性赔偿制度、最大限度减少不必要的行政执法事项、加快推进全国一体化政务服务平台建设；在坚持和完善社会主义基本经济制度和统筹城乡的民生保障制度建设中，通过深化行政审批制度改革来改善营商环境、加强数据有序共享制度化建设确保依法保护个人信息、增加一线劳动者劳动报酬、以税收与转移支付等手段调节区域间与行业间的不平衡发展、实施乡村振兴战略、坚决防止和纠正就业歧视、从制度建设和治理手段上保护合法收入，增加低收入者收入，扩大中等收入群体，调节过高收入，清理规范隐性收入，取缔非法收入；在坚持和完善繁荣发展社会主义先进文化的制度建设中，强调要始终把社会效益放在第一位，形成抵制低俗庸俗媚俗的文化艺术工作机制；在教育、社保、养老、住房、卫生、生态制度建设中，坚持健全学前教育、特殊教育和普及高中阶段教育保障机制、加快建立基本养老保险全国统筹制度、落实社保转移接续与异地就医结算制度、建立解决相对贫困的长效机制、把"房住不炒"制度化、健全重特大疾病医疗保险和救助制度、顺应形势需要完善养老服务体系、加强和改进食品药品安全监管制度、健全源头预防、过程控制、损害赔偿、责任追究的生态环境保护体系、构建以排污许可制为核心的固定污染源监管制度体系、普遍实行垃圾分类和资源化利用制度、开展大规模国土绿化行动;在坚持和完善"一国两制"制度体系建设中,顺应形势发展需要,中央提出要加强对香港、澳门社会特别是公职人员和青少年的宪法和基本法教育、国情教育、中国历史和中华文化教育;在坚持和完善党和国家监督体系建设中,中央强调,要坚决查处政治问题和经济问题交织的腐败案件,坚决斩断"围猎"和甘于被"围猎"的利益链,坚决破除权钱交易的关系网,同时积极推进反腐败国家立法,促进反腐败国际合作。

第一章
基本概念梳理

如何把一个拥有近14亿人口的大国治理好是中国乃至世界政治学研究的重大命题，更是事关人类福祉的重大战略攻坚。弄清楚什么是治理、谁的治理、为谁治理、如何治理等基本问题，是中国走向国家治理体系和治理能力现代化的基本理论前提。党中央领导集体，特别是习近平总书记，一如既往地以中国政治家的政治智慧、气魄、胆略和勇气，吸纳一切有利于人类发展的最新政治管理理念，以马克思主义的基本立场，来甄别对待继承发展人类社会的治理创建。党的十六大报告指出，"政治建设和政治体制改革要坚持从我国国情出发，总结自己的实践经验，同时借鉴人类政治文明的有益成果"。党中央领导集体继承政治文明发展中的最新的"治理观"，倡导和积极推动中国治理体系和治理能力现代化。中央政府和各级地方政府也在政治和行政管理体制方面进行积极的探索，做了不少"先行先试"的制度创新。40多年改革开放，政治体制的演进，为大国治理的制度定型，奠定了坚实的制度基础和理论支撑，也预示着中国未来的大国治理现代化的变迁轨迹，更昭示着中国特色的社会主义的治理观的呼之欲出。

一、何为治理

"治"和"理"在汉语中都有非常广泛的意思,"治"形声字,篆文从水,台声。隶变后楷书写作治,本义水名,后延伸为治水。《史记》(卷一)《五帝本纪第一》有云:"言遍告天子治理之言也。"①《辞海》(第六版)把"治"释为"治理;管理",并用"《商君书·更法》:'治世不一道。'"②为证。《钦定四库全书总目》(卷三十三)有"引古本如尚书舜典注云使各陈进治理之言"之说,《钦定四库全书总目》(卷首一)亦讲:"朕稽古右文,聿资治理,几余典学,日有孜孜。"《钦定四库全书总目》(卷三十七)再有"苟有裨于问学治理者",(卷一百七十一)还有"而所上诸奏疏,亦无不通达治理,确然可见诸施行"。《钦定四库全书总目》(伊川易传卷二)和(大易粹言卷十八)都云:"既蛊则有复治之理,自古治必因乱,乱则开治理,自然也如卦之才,以治蛊则能致元亨也。"《钦定四库全书总目》(周易义海撮要卷三)亦云:"尧汤之厄灾非已招,但顺时修德,勿须治理必欲治之。"(周易义海撮要卷九)则云:"圣人用之,上以和协顺成圣人之道德,下以治理断人伦之正义。"从史料看,古代存在"治""治理"并用的事实。在《明代史料全文库》中治理一词出现 348 次。《清史稿》中治理一词出现 603 次。

从词源学和语义学角度看,治、理和治理的概念是不断发展变化的。治理涵盖统治(治国)、管理(治标)、安定(治安)、处理

---

① [汉]司马迁:《史记》,口华书局1959年版,第24页。
② 夏征农、陈至立主编:《辞海》第六版,上海辞书出版社2009年版,第2952—2953页。

（治理）、整理（治装）、整顿（治军）、抵御（治敌）、备办（治丧）、惩办（治人）、疗伤（治病）、灭害（治蝗）、研究（治学）、行政区（省治）、办公地（治所）等意。"理"形声字，从玉，从里，原指物质本身的纹路、机理、层次，后有标准、规律、次序、学说、加工、治理、管理、回应（理会）、修补（理葺）、整理（理装）等意思。《说文》里讲："理，治玉也。顺玉之文而剖析之。"后有条分缕析之意。两个字组成"治理"，其实"治"和"理"两个字都包含治理这个词汇的意思。

尽管中国古典史集中，对治理的概念有广泛的涉猎，春秋战国时期开始出现"治理"一词，如《尚书》（卷一）有"诸侯四朝各使陈进治理之言"，（卷八）《康诰第十一周书》有"是乃治理大明则民服"等说法[①]，再如前文提及的四库全书等相关内容，但从公共管理、国家行政行为角度系统研究"治理"，则起源于欧美。在西方"治理"概念中，英语世界治理一词（govemance）和统治（government）最早源于古希腊文，来自希腊（拉丁）词根 gov-，gover，罗马人借用这个单词后转写为 gubernare，κυβέρνησης、διοικητικού、Διαχειριστικός 与 έλεγχος 都有治理、统治和管理的意思，最早源于对船只的掌控、操作、控制。与"治"一样，最早都发端于对与"水"的管理、控制。

治理（govemance）与统治（govenment）在西方政治文明中，一直是交叉使用的概念，主要指国家行政部分对公共事务的管理。

---

① 李龙、任颖：《"治理"一词的沿革考略——以语义分析与语用分析为方法》，《法制与社会发展》2014 年第 4 期。

governance 有了很多新内涵，英国学者罗伯特·罗茨将治理概念的用法归结为六种意思①：（1）作为最小化国家的管理活动的治理，它指的是国家削减公共开支，以最小的成本获得最大的效益；（2）作为公司管理的治理，指的是指导、控制和监督企业运行的组织体制；（3）作为新公共管理的治理，指的是将市场的激励机制和私人部门的管理手段引入政府的公共服务；（4）作为善治的治理，指的是强调效率、法治、责任的公共服务体系；（5）作为社会控制体系的治理，指的是政府与民间、公共部门与私人部门之间的合作与互动；（6）作为组织网络的治理，指的是建立在信任和互利基础上的社会协调网络。从涉猎的范围来说，治理包含"元治理、协商治理、科层治理、市场治理、网络治理、公共治理、合作治理、全球治理、运动式治理、综合治理、系统治理等"②。

理解治理必须掌握如下几个基本点。

第一，治理的前缀词是国家，也就是国家的治理，这就意味着治理一定是科学理性高效地运用国家权力来实施治理，而不是西方政治学理解的弱国家、去中心、反权威。公共权威的多元化和社会治理结构良序发展，是把国家作为治理核心才有意义。

第二，治理本质上还是统治和管理。不能简单地认为"统治""管理"就是阶级概念，治理就是民主概念。国家治理本质上依

---

① [英]罗伯特·罗茨：《新的治理》，载俞可平主编：《治理与善治》，社会科学文献出版社2000年版，第87—96页。
② 乔耀章：《论社会治理原理与原则》，人大复印资料《公共行政》2014年第4期。

然是"统治者治理国家和处理政务"①。"治理"理念的提出有利于解决自上而下管控的单向性不足问题,超越单一的行政管控策略,更加注重国家与社会合作共治。但不能简单地认为,有了治理,就不要管理和统治,这种思想是错误的。有人说,国家统治或国家管理是居高临下式的,地位不平等;而国家治理、社会治理则是协商合作式的,双方地位平等,让民主融入了治理,人民成为治理的主体。②人民即便是治理主体,但必须听从于党和政府才是有价值的治理主体。政府与社会的合作、协商、共建是有前提的,那就是遵循党的领导、中央的权威。社会可以广泛参与对公共事务的管理,寻求政府与公民对公共生活的合作管理和实现公共利益最大化,但过分地强调个人和社会组织作为治理主体的合法性,无疑会削弱政府的治理效果和中央权威。俞可平以下主张是值得商榷的,他说:"如果把所有的治理问题上升为体制的问题,就会给我们自己造成很大的被动。治理,更多的是工具理性,不是价值理性;用传统的术语来讲,是'用'而不是'体'。"③治理作为政治价值实现的一部分,不是简单的工具选择,而是具有很强的政治属性、社会正义属性,甚至阶级属性,不能简单地工具化。大谈社会组织等"第三部门"的前提是,党中央和中央政府作为"第一部门"起主导作用。

第三,国家治理能力现代化,本质上就是人民高效参与治理能力的现代化。人民拥有主权是人类社会形态更替的最优选择的结果,

---

① 王浦劬:《国家治理、政府治理和社会治理的基本含义及其相互关系辨析》,《社会学评论》2014年第3期。
② 《把国家治理纳入法治轨道》,《中国青年报》2013年12月9日。
③ 俞可平:《治理是"用"而非"体"》,《人民日报》2015年2月9日第5版。

也是先进的政治制度的直接表象，人民持有权力不需要掩饰，是理直气壮的，她超越君主主权、资本主权而具有最强大的生命力。只有在人民当家作主的民主制中才能真正实现人民治理。"在民主制中，国家制度、法律、国家本身，就国家是政治制度来说，都只是人民的自我规定和人民的特定内容。"①2014年9月5日习近平在庆祝全国人民代表大会成立60周年大会上的讲话中指出："我们要坚持国家一切权力属于人民，既保证人民依法实行民主选举，也保证人民依法实行民主决策、民主管理、民主监督，切实防止出现选举时漫天许诺、选举后无人过问的现象。我们要坚持和完善中国共产党领导的多党合作和政治协商制度，加强社会各种力量的合作协调，切实防止出现党争纷沓、相互倾轧的现象。我们要坚持和完善民族区域自治制度，巩固平等团结互助和谐的社会主义民族关系，促进各民族和睦相处、和衷共济、和谐发展，切实防止出现民族隔阂、民族冲突的现象。我们要坚持和完善基层群众自治制度，发展基层民主，保障人民依法直接行使民主权利，切实防止出现人民形式上有权、实际上无权的现象。"

第四，在治理语境中，国家与企业、组织、社会团体不是平等的合作关系，也不应该是平等的合作关系，国家治理中的领导制度、组织制度问题更带有根本性、全局性、稳定性和长期性。西方治理观主张：治理意味着一系列来自政府但又不限于政府的社会公共机构和行为者；治理意味着在为社会和经济问题寻求解决方案的过程

---

① 《马克思恩格斯全集》第三卷，人民出版社2002年版，第41页。

中存在着界限和责任方面的模糊性；治理明确肯定了在涉及集体行为的各个社会公共机构之间存在着权力依赖；治理意味着参与者最终将形成一个自主的网络；治理意味着办好事情的能力并不仅限于政府的权力，不限于政府的发号施令或运用权威。①超越国家权力中心论、民主协商共治、弹性管理取代强制管理，是西方治理民主化的核心追求。甚至主张"没有政府的治理"，这种没有"政府的治理"强调既不能"去国家化"，也不能"去社会化"，它们是合作共治的格局，国家并不安排或决定社会组织的领袖，也不直接提供社会组织运行的经费，社会组织的根本任务是服务特定的社会群体。②西方的社会组织与政府的合作关系带有很多理想色彩，也是不现实的选择。在中国的治理语境中，前提还是完善中国特色社会主义制度基础上的国家治理体系和治理能力现代化，这就决定了党中央作为治理主体的绝对权威性。

第五，治理概念的新发展，最大的表现就在于使得以前所理解的政治客体、国家政府这一行政主体的管理对象，表现出更多的人格特征，如企业、社会组织、市场主体逐渐显示出对政府的逆向影响，被管理者伴随着民主、自由、法治等观念不断觉醒，从而也变成政府治理这一主体的辅助性部分。其实在中文语境中单一个"治"就涵盖了治理的所有内容，如果一定要翻译出当前西方关于"govemance"的新要义，译成"合治"或"协治"更合适。总体而

---

① 格里·斯托克：《作为理论的治理：五个论点》，《国际社会科学》（中文版）1999年第2期。转自俞可平：《治理和善治引论》，人大复印资料《政治学》2000年第1期。
② 王向民：《"没有政府的治理"：西方理论的适用性及其边界——以明清时期的南方社会组织及其公共服务为例》，《学术月刊》2014年第6期。

言，西方的治理观体现出多主体、多中心治理等主张。治理理念强调依靠多元、相互作用、优化组合的各种治理主体，在互动发展中共同承担对公共事务的管理，甚至倡导社会自我治理以及社会组织与政府的平等共治，宣扬社群治理和社会中心主义。这一系列新变化，并没有彻底改变治理与管理和统治之间的本质联系，或者至少可以说，现实的治理环境，远没有达到实施学术层面所期望的治理要求。国家治理依旧要把来自各方面的"冲突"控制在"秩序"的范围内，而管理和控制必须借助于法律、制度、意识形态、国家机器等传统治理机制。从中国治理能力现代化的角度来看，治理只是用新鲜的词汇表达了政治哲学的一个永恒主题。中国特色的治理观，就是要实现好、发展好、维护好最广大人民群众的根本利益，最大限度地保证民族独立、国家富强、人民幸福、社会和谐、公平正义、人与自然和谐。

二、治理体系

在中国共产党的长期实践中，始终围绕着治理体系化建设这一带有根本性、全局性、稳定性和长期性问题思考社会主义中国的未来治理之道，始终着眼于领导制度、组织制度等中心命题与体系性建设推进各项工作。"今天，摆在我们面前的一项重大历史任务，就是推动中国特色社会主义制度更加成熟更加定型，为党和国家事业发展、人民幸福安康、社会和谐稳定、国家长治久安提供一整套更完备、更稳定、更管用的制度体系。这项工程极为宏大，零敲碎打调整不行，碎片化修补也不行，必须是全面的系统的改革和改进，是各领域改革和改进的联动和集成，在国家治理体系和治理能力现代化上形成总体效应、取得总体效果。"①体系化集成效应的释放，依赖于最优化的国家治理体系建设。

体系作为系统论概念，是指若干事物或某些观念互相关联而构成的有机整体。治理确实是一个复杂的体现，包含乡村治理、地方治理、城市治理、区域治理、社会治理、国家治理、国际治理、全球治理、公司治理、网络治理、经济治理、政府治理、生态治理、法治治理等。每一个治理都是一个独立的族群体系，而相互之间又构成更大的治理结构。"世界银行还将治理分为高、中、低三个音域；高音：在治理的背景下，公共行政部门的现代化；中音：'善治'在政治、经济及行政层面的正常状态；低音：参与，人权和民主化。"②这也是一种体系划分。

习近平指出："国家治理体系是在党领导下管理国家的制度体系，包括经济、政治、文化、社会、生态文明和党的建设等各领域体制机制、法律法规安排，也就是一整套紧密相连、相互协调的国家制度。"③制度体系涵盖根本政治制度、基本政治制度、社会主义民主制度、基层自治制度、基本经济制度、民族区域自治制度、中国特色社会主义法律体系、全面从严治党的党内法规体系，以及经济、政治、文化、社会、生态五大建设体系。治理体系是通过建立一套

---

① 中共中央宣传部：《习近平新时代中国特色社会主义思想三十讲》，学习出版社2018年版，第98—99页。
② [法] 皮埃尔·卡蓝默（Pierre Calame）：《破碎的民主——试论治理的革命》，高凌瀚译，三联书店2005年版，第6页。
③《习近平谈治国理政》，外文出版社2014年版，第91页。

民众普遍认可、高效利民的规则构架，实现对公共事务公正、透明、有效的管理。习近平指出："我们之所以决定这次三中全会研究全面深化改革问题，不是推进一个领域改革，也不是推进几个领域改革，而是推进所有领域改革，就是从国家治理体系和治理能力的总体角度考虑的。"① 国家治理体系和治理能力是一个国家制度和制度执行能力的集中体现。"我国政治稳定、经济发展、社会和谐、民族团结，同世界上一些地区和国家不断出现的乱局形成了鲜明对照。这说明，我们的国家治理体系和治理能力总体上是好的，是适应我国国情和发展要求的。"② 当然，与百姓的需要相比，与复杂的国际环境、长治久安的社会环境相比，治理体系更需要制度化、规范化、法治化，不仅需要局部简单修补，还需要体系性完善，整体性推进，综合配套，不断提高党科学执政、民主执政、依法执政水平，不断夯实科学管理、高效治理效果。"社会主义现代化除了物质文明层面、精神文明层面的现代化，还应包括制度层面、治理层面的现代化。推进国家治理体系和治理能力现代化，就是要使国家治理体系制度化、规范化、程序化和科学化，使国家治理者善于运用科学思维、民主思维和法治思维等，善于依靠法律制度来治理国家，从而把中国特色社会主义的制度优势转化为治理国家的效能。"③

国家治理不同于生产建设，是一个系统庞杂、涉及面广泛、利益诉求多元化的政治范式，优良治理观未必是效益最优化的治理设

---

① 《习近平谈治国理政》，外文出版社2014年版，第90页。
② 《习近平谈治国理政》，外文出版社2014年版，第91页。
③ 韩振峰：《怎样理解国家治理体系和治理能力现代化》，《人民日报》2013年12月16日第7版。

想，它需要考虑当前和长远、穷人和富人、经济与环境、效益与质量、法治与正义、大国与"诸侯"、党权和政权、内政与外交等诸多要素。

第一，任何治理体系都具有阶级属性。"一般说来，国家阶级话语权的归属、阶级地位以及阶级构成决定着国家治理体系的价值伦理、治理主体与治理结构。处于主导地位的阶级所遵奉的价值伦理、所采取的制度安排及所依赖的社会力量，直接决定了国家治理体系的基本轮廓。"①也就是说，"国家治理体系具有阶级属性"②。中国的社会主义国家治理体系则是建立在以工农联盟为主体的无产阶级基础上，阶级属性直接决定着国家治理的核心利益、方式选择与价值追求和行为向度。

第二，处理好党和政府的关系，既要党政分开，又要强化党的绝对领导，实现以习近平同志为核心的党中央集中统一领导与行政效能最优体系化。政府管不了的，还有党管，比如中央成立深化改革领导小组和国家安全委员会，就是要发挥党中央的权力。中央反复强调要加强党的领导，在这样的前提下，如何处理好党和政府的关系，如何在善治的理念中进行授权，如何在授权中依旧能保证党的领导，这些都是需要认真研究的问题。

第三，体系化治理，需要打通各种存在于体制之中的不顺和掣肘，既要公正解决在国家治理中，有限的社会资源总量与国家对治

---

① 王卓君、孟祥瑞：《全球视野下的国家治理体系：理论、进程及中国未来走向》，《南京社会科学》2014年第11期。
② 刘建军：《和而不同：现代国家治理体系的三重属性》，《复旦学报》（社会科学版）2014年第3期。

理资源超大规模需求之间的矛盾，又要努力提升政府的执政效率，简化执政程序，透明化办公，节约行政成本。真正做到依法治理、科学治理、高效治理，推进法治国家、法治政府、法治社会一体建设。20世纪90年代中后期以来，矫正治理结构碎片化、治理主体分散化、治理机制单一化是西方治理现代化的重要探索内容，注重"治理协调与联合机制"也是中国治理体现现代化的重要内容。

第四，治理体系化，要培育一种全民参与的治理观。对于全面参与的治理观的养成，必须沿着社会主义核心价值来进行。正如习近平指出，推进国家治理体系和治理能力现代化，要大力培育和弘扬社会主义核心价值体系和核心价值观，加快构建充分反映中国特色、民族特性、时代特征的价值体系。治理观离不开对"富强、民主、文明、和谐"的本质把握，治理观也必须以"自由、平等、公正、法治"为依托，实现国家治理体现和治理能力现代化需要广大民众的"爱国、敬业、诚信、友善"的动力源泉。特别是民主、公正、和谐、诚信、平等等价值原则更是社会主义治理观的内在要求。当经济发展处于上升期时，人民共享改革的成果会多些，但当经济发展处于徘徊期，甚至低迷停滞时，对国家治理能力的考验则是空前的。一个善治的社会，需要全面的善治意识的配合，而这必然是与社会主义核心价值观呈现正相关的，所以要把社会主义核心价值观内化到国家治理体系和治理能力现代化的建设中。特别是在特定时空，国家需要把有限的资源集中起来办大事，可能在这个阶段改革的成果不能及时让广大人民群众分享，这种情况也需要民众的爱国、敬业、理解与配合，甚至利益的牺牲，因为治理现代化需要全民的参与。

第五，国家治理体系建设必须在实现民主、公民自由和提高政府效能间达成平衡。西方善治观念奉行的是新自由主义精神，宣化的是西式民主。而我们的国家治理，必须重申民主的具体性、相对性、时代性和阶级性。一方面，政治治理需要做减法，适度放权，尊重社会组织和市场企业主体，释放权力空间，稀释政府权力；另一方面，社会组织和市场企业也要不断养成利他性意识，摒弃小团体主义，防止利益固化藩篱的出现。

第六，搭建大数据体系，打破信息孤岛的壁垒，处理好大数据治理和僵化治理的关系，运用大数据提升国家治理现代化水平。2017年12月8日中共中央政治局就实施国家大数据战略进行第二次集体学习，习近平指出，"大数据是信息化发展的新阶段。随着信息技术和人类生产生活交汇融合，互联网快速普及，全球数据呈现爆发增长、海量集聚的特点，对经济发展、社会治理、国家管理、人民生活都产生了重大影响"。伴随着统计学的变革，数据流量的增加，网络技术的发展，信息源的多元化，数据收集、数据评估、分析技术的发展，为治理注入了很多技术参数和科学化管理，辅助科学决策，实现精准治理，提高了工作效率。当然"伴随数目管理而来的是各种条框制度，有可能导致繁文缛节泛滥，组织僵化，从而降低治理的灵活性和有效性"[①]。虽然数据对于经济发展、社会治理、国家管理、人民生活都产生了重大影响，但不善于运用，就会陷入

---

① 渠敬东、周飞舟、应星：《从总体支配到技术治理》，《中国社会科学》2009年6期。

数据海洋负担与迷失。必须有重点地实现技术、业务、数据、创新融合，"打通信息壁垒，形成覆盖全国、统筹利用、统一接入的数据共享大平台，构建全国信息资源共享体系，实现跨层级、跨地域、跨系统、跨部门、跨业务的协同管理和服务，形成社会治理强大合力"。

三、治理能力

没有治理能力的提升，再完善的治理体系都是无效的，正如制度的优势首先必须体现为执行的优势。国家治理体系和治理能力综合表现为一个国家的制度和制度执行能力，良好的制度优势必须依靠最优的执行能力来保障。按照中央的治理构想，到2035年基本实现国家治理体系和治理能力现代化，到本世纪中叶实现国家治理体系和治理能力现代化。这个伟大目标，是完善和发展中国特色社会主义制度的必然要求，是顺应新时代需要和实现中华民族伟大复兴的治理革新的内在规定，也是建设社会主义现代化强国的题中应有之义。怎样治理社会主义社会这样的全新社会，如何推进新时代中国特色社会主义建设，除了中国共产党自己的实践摸索，以往的世界社会主义实践没法提供高效的治理参考。需要顶层设计和试点探路相配合，需要全局推进和重点突破相结合，需要立废结合，也需要逢山开路、遇水架桥的改革勇气，必须清楚，这是一场涉及范围广、标准高、担子重、触及灵魂的治理变革，必须坚定不移、久久为功，朝着已经确定的总目标不断奋进。

"国家治理能力现代化，主要是指治党治国治军、促进改革发展稳定、维护国家安全利益、应对重大突发事件、处理各种复杂国际事务等方面能力的现代化。"① 没有好的制度，社会不会有良法，国家不会有善治；没有卓越的制度执行力，再好的制度也会落空。国家治理体系和治理能力，两者相辅相成，把两者统一起来才能治好国家。习近平同志指出："国家治理体系和治理能力是一个有机整体，相辅相成，有了好的国家治理体系才能提高治理能力，提高国家治理能力才能充分发挥国家治理体系的效能。"提高运用中国特色社会主义制度有效治理国家的能力，是党中央实现国家治理体系和治理能力现代化必须应对的首要问题。国家治理能力体现在国家机构实现科学执政、民主执政、依法执政需要超强的能力；人民群众依法管理国家事务、经济社会文化事务、自身事务需要能力；生态文明、法治社会、法治政府、廉洁政党建设需要能力。实现党、国家、社会各项事务治理制度化、规范化、程序化更需要执行力，因为再好的蓝图没有落实就是废纸。国家治理能力体现为具体的执行能力、贯彻能力、落实能力。"对于一个国家而言，国家治理体系规范并约束着国家治理能力的运行，而国家治理能力的强弱也会影响国家治理体系的具体实施和自我完善。我们可以这么认为，有治理制度，无治理能力，那么制度就徒有虚名；有治理能力，没治理制度，那么能力就会被泛用滥用。应在制度体系下不断提高执行能力，在执行过程中不断完善改进制度体系。"② 习近平同志指出："我们的国家治理体系和治理能力总体上是好的，是有独特优势的，是适

---

① 秦宣：《推进国家治理现代化的方向和路径》，《人民日报》2016年6月22日第7版。
② 胡鞍钢：《中国国家治理现代化的特征与方向》，《国家行政学院学报》2014年第3期。

应我国国情和发展要求的。同时,我们在国家治理体系和治理能力方面还有许多亟待改进的地方,在提高国家治理能力上需要下更大气力。"

第一,治理能力的提升与跃进是完善和发展中国特色社会主义制度,推进国家治理体系和治理能力现代化的需要。随着中国的改革进入深水区,改革的复杂程度、敏感程度、艰巨程度不容忽视,国家治理体系与治理能力建设也必然要涉险滩、啃硬骨头、破瓶颈、拆藩篱。中国的建设大业,中国梦的重大筹划,也需要通过全面深化改革来推进,这是完善和发展中国特色社会主义制度的必然要求,是实现社会主义现代化的应有之义,是推进所有领域改革的需要,是完善国家治理体系和提升治理能力的现实选择。今天,我们就是要研究、传播、宣传党中央关于国家治理体系和治理能力现代化的战略思想,就是要梳理国家治理体系和治理能力建设的重大观点,就是要推广关于国家治理的最新成果,就是要把马克思主义的国家治理理论与中国具体治理环境和实际相结合,立足大势,服务大局,着眼大事,为国家治理体系的完善和国家治理能力建设的提升建言咨政。

习近平总书记从历史的纵深、理论的高度、现实的国情、实践的向度出发,深入阐释了全面深化改革总目标的历史背景、现实根据、科学内涵,深刻回答了坚持改革总目标,推进国家治理体系和治理能力现代化必须解决好制度模式选择、价值体系建设等重大问题。如何把习近平关于国家治理的重要战略论断阐释好,融入中国特色社会主义伟大实践之中,贯彻到全面深化改革各项工作之中,是当前各级政府和理论工作者责无旁贷的选择。推进国家治理体系和治理能力现代化，极大地丰富和发展中国特色社会主义制度目标的内涵、价值要求，提升中国政治话语权。这个提法，对国际政治的发展，对社会主义国家的建设，对中国未来的政治生态，都具有重大而深远的理论和现实意义。学术界尤其需要去梳理国家治理理论的马克思主义源流，辨析中国特色社会主义与国家治理能力现代化的关联，阐释国家治理体系和治理能力现代化的基本内涵，探索社会主义核心价值观在国家治理体系中的作用，积极推进国家治理体系的国际比较，厘清我们的政治立场，强化我们的政治定力，解读好三个自信，倡导坚如磐石的精神信仰。国家治理体系创新和改革不是为了赢得国际社会的喝彩，而是为13亿人民的福祉着想，政策制定和理论研究，绝不能为了迎合某些人的"喝彩""掌声"而放弃原则，背叛立场，盲目西化。

第二，治理能力是什么？何增科认为，"从履行国家治理过程诸功能对执政党和政权能力的要求来看，国家治理能力应包括如下能力：接纳参与能力、政治整合能力、精英录用能力、战略规划能力、法律实施能力、资源提取能力、监管能力、再分配能力、维持团结能力、政治沟通能力、政治合法化能力、政治革新能力"[①]。王绍光认为，国家能力（治理能力）有四个方面的表现："第一，汲取能力，是指国家动员社会经济资源的能力，国家汲取财政能力（简称国家财政能力）集中体现了国家汲取能力；第二，调控能力，是指

[①] 何增科：《国家治理现代化及其评估》，《学习时报》2014年1月13日。

国家指导经济社会发展的能力,随着经济发展、科技进步,经济组织日益复杂,社会化生产日益广泛,这种能力对现代国家越来越重要;第三,合法化能力,是指国家运用政治符号在属民中制造共识,进而巩固其统治地位的能力;第四,强制能力,是指国家运用暴力手段、机构、威胁等方式维护其统治地位。"① 这两种理解都有一定见地,当然我们要清楚,国家治理能力必然随着历史的进步而不断进步,但需要一个前提,那就是人民选择的政党,如果这个国家的执政党不是人民选择的,执政党就很难在制定、实施和推动制度变革上发挥作用,也很难从人民利益的高度谋划国家治理能力的提升,强大国家、增益福祉、提升国际影响力、有效制定规则和政策、科学决策、汲取调控、自我提升,是责任政府进行有效的国家治理能力提升的实质表现。中国特色的国家治理能力是推动中国体制变革与经济发展的关键因素,也是理解中国模式的关键变量。

第三,治理体系和治理能力现代化是要破解在一个有13亿人口的大国怎样治理社会主义社会的世界社会主义建设难题的迫切需要。回首波澜壮阔的历史,自1992年邓小平"南方谈话"以来,中国改革开放的步伐越发坚定沉稳,各方面事业取得蓬勃发展,社会主义建设大业更加辉煌。邓小平同志在1992年提出,再有30年的时间,我们才会在各方面形成一整套更加成熟、更加定型的制度。今天,以习近平同志为核心的党中央高瞻远瞩,继往开来,创造性地提出推进国家治理体系和治理能力现代化的重大论断。这一重要论

---

① 王绍光:《中国国家能力报告》,辽宁人民出版社1993年版,第6页。

断，也是习近平总书记在党的十八届三中全会上提出的坚持完善和发展中国特色社会主义制度、深化改革的总目标。

顶层设计的依据在于对人类发展规律的把握，在于对马克思主义基本原理的运用，在于对全球社会主义的伟大实践的经验借鉴，也在于"摸着石头过河"的试验和广大人民的火热实践。今天，中央提出的国家治理体系和治理能力现代化，也必然要在马克思主义的立场下，经过反复地试验、纠偏、借鉴、总结而成熟和定型化。习近平总书记指出，怎样治理社会主义社会这样全新的社会，在以往的世界社会主义中没有解决得很好。马克思、恩格斯没有全面治理一个社会主义国家的实践，他们关于未来社会的原理很多是预测性的；列宁在俄国十月革命后不久就过世了，没来得及深入探索这个问题；苏联在这个问题上进行了探索，取得了一些实践经验，但也犯下了严重错误，没有解决这个问题。而这个事关13亿人的生存与发展的大问题，事关人民福祉、国家富强的大问题如果解决不好，结果可想而知。中国共产党执政以来，在治理道路上不断探索，为世界社会主义建设和发展，为世界社会主义国家走向现代化，为世界社会主义事业积攒了宝贵财富和累累硕果。而习近平更是创造性地提出了国家治理体系和治理能力现代化的重大论断，这是马克思主义的最新成果，也是对13亿中国人民何去何从而唱出的响亮的时代强音。

第四，治理体系和治理能力现代化，是系统化、科学化、制度化、规范化改革的迫切需要。历史把国家治理艰巨的任务交给了我们，国家治理体系和治理能力现代化构建是破解世界社会主义难题、积极回应全球治理呼声的现实选择。习近平总书记指出:"相比我国经济社会发展要求,相比人民群众期待,相比当今世界日趋激烈的国际竞争,相比实现国家长治久安,我们在国家治理体系和治理能力方面还有许多不足,有许多亟待改进的地方。"特别是在超越时空的大数据时代,在环境污染的跨国界时代,在技术变量不断突破地域限制的时代,在恐怖主义、武器生产与出口的全球化时代,国际治理需要新秩序,国家治理也需要新的制度体系。特别是民生为上的大服务大治理时代,更需要进行新的制度设计,需要治理能力的提升和突破。习近平指出,全面深化改革要立足国家整体利益、根本利益、长远利益。对党和人民事业有利的,对最广大人民有利的,对实现党和国家兴旺发达、长治久安有利的,该改的就要坚定不移改,这才是对历史负责,对人民负责,对国家和民族负责。

四、社会治理

政治安全是国家安全的根本,社会安全是国家安全的基石,社会治理的效果必然会体现出国家安全系数。社会治理好坏,直接影响到国家全局,而中国的社会治理途径,必须不断创新,激发社会组织的活力,推动基层自治。中国比别的国家更需要社会治理的大发展,创新中国社会治理手段,促进中国社会发展,现实意义和理论意义都同样重大。习近平总书记指出,"要更加注重联动融合、开放共治,更加注重民主法治、科技创新,提高社会治理社会化、法治化、智能化、专业化水平,提高预测预警预防各类风险能力"。积极推进社会治理精细化、法治化、智能化、专业化，加强社会治理制度建设，完善党委领导、政府负责、社会协同、公众参与、法治保障的社会治理体制，这既是新形势下提升社会治理现代化水平的客观要求，又是推进社会治理创新的基本途径。只有社会治理体系更加完善，才能实现社会大局保持稳定，国家安全全面加强。总书记在十九大报告中再次强调，要提高保障和改善民生水平，加强和创新社会治理，"建设平安中国，加强和创新社会治理，维护社会和谐稳定，确保国家长治久安、人民安居乐业""不断满足人民日益增长的美好生活需要，不断促进社会公平正义，形成有效的社会治理、良好的社会秩序，使人民获得感、幸福感、安全感更加充实、更有保障、更可持续"[①]。并制定了社会治理中期目标，到二〇三五年，现代社会治理格局基本形成，社会充满活力又和谐有序。

推进社会治理现代化，既需要创新社会治理体系，也需要提升社会治理能力，更需要在社会治理法治化、规范化上做文章。党委政府执政能力、社会治理主体的治理能力、人民管理自己事务的能力，有了这些能力的提升，社会才能有效运行，国家治理才能在社会层面上获得有效支撑。"社会治理首先需要社会的自我组织和自我管理，这是维持社会和谐稳定和社会安全秩序的自动调节机制。要积极探索社会治理新途径、新形式，形成社会治理人人参与、成果人人共享的生动局面。"[②] 全面理解社会治理需要重点抓住以下几

---

① 习近平：《决胜全面建成小康社会 夺取新时代中国特色社会主义伟大胜利——在中国共产党第十九次代表大会上的报告》，人民出版社2017年版，第23、49页。
② 魏礼群：《积极推进社会治理体制创新》，《行政管理改革》2014年第8期。

个方面。

第一，执行治理规章、达到治理效果归根到底是靠人，加强和创新社会治理的核心既要解决为什么人服务的问题，还要解决谁来服务的问题。前者是立场问题，后者是实现治理效果的问题。2014年3月，习近平总书记在全国"两会"上参加上海代表团审议时明确指出："加强和创新社会治理，关键在体制创新，核心是人，只有人与人和谐相处，社会才会安定有序。"和谐局面是开展社会治理的前提，要体现法治化、服务至上和公正至上原则，既要将政府从包揽一切的重负中解脱出来，实现有序放管，又要谋求探索社会主体等参与社会治理的法治化；既要增强社会组织的活力和自主性，又要保证社会组织对公众而不是少数人负责；既要提高社会管理的法治化、高效化，又要保证社会管理过程和结果以实现社会稳定、社会公正为目标。

第二，中国的社会治理，应该多谈些方法，多些治理良方，公民有序参与，少谈些公共领域、私人领域和日常生活领域的分野。治理现代化要立足国情，顺应潮流，坚定政治站位，一方面需要不断解放思想，破除各种不合时宜的旧观念；另一方面，需要从党情、国情角度谋划社会治理现代化。多用中国的治理语言，少用西方的治理术语，少用第三部门、公民社会、社会的自主性等概念，多一些中国现实治理优长与不足的分析。中央要求健全社会治理的体制机制，完善社会治理的政策法规，引导和支持社会力量积极参与社会治理，如健全利益表达、利益协调、利益保护机制，引导群众依法行使权利、表达诉求；鼓励和支持社会力量参与社会治理、公共服务；支持各类社会主体自我约束、自我管理；发挥市民公约、乡规民约、行业规章、团体章程等社会规范在社会治理中的积极作用，实现企事业单位、工青妇等群众组织、基层群众性自治组织以及其他各类社会组织积极参与社会治理，努力实现社会事务的多方共同参与治理。

第三，中国社会现状的差别化决定社会治理的差别化。中国共产党拥有9000万党员，德国的人口总量是8000万左右，光是党的自我治理与自我管理其难度就相当于德国的治理难度。中国的人口规模接近14亿人口，美国人口总量是3.2亿，比美国多10亿多，比欧盟人口总量5.07亿多出近9亿人，国土面积为760万平方公里的澳大利亚仅有2300万人口。对于像中国这样的超大规模国家，离开了社会治理，单纯依靠政府的分级管理，总有鞭长莫及的时候，总有无法涉猎的内容。一方面中国在总体上实现小康，但还没有全面建成小康，依旧有6000多万贫困人口。中国梯度发展战略和一部分人先富起来的战略，使得中国在地势上呈现出相反的发展梯度，沿海港口城市地势最低，经济却最发展，而西部地区地势越高，经济发展越是落后。这决定了治理手段的选择和制度安排也应该有所差别。

第四，应不断加强社会治理组织自身的建设。（1）要为社会自治组织的发展提供多重保护，早日制定社会组织管理法规，给予社会治理组织更多的法律保障。当前，"中国社会组织登记设立的高门槛，导致大量的社会组织要么由各级党政机构直接创办，要么从党政机构转变而来。通过这种方式成立的社会组织，最大的特点就是依靠党政机关提供资源，形成了严重依赖政府的倾向和思维习惯，这不可避免地丧失了非政府组织根本上的自治性、志愿性或组织性"①。（2）社会组织要依法申请，按规定设立，依法从事相关活动，少些等靠要思想，在面对问题时也要懂得拿起法律武器来维护组织自身的权益。（3）营造平等氛围，给予社会治理组织平等权，促进政府与社会组织、党与社会组织、社会组织之间的平等对话、协商议事的权利。政府部门可以通过业务外包，向社会组织购买公共产品和服务，聘请社会组织对自己的治理效果进行第三方评估，增加客观性和可信度，营造开放式的党、政府、社会、民众共治生态。（4）社会治理组织也需要不断提高成员素质，强化自身内部管理，严格各项制度规范，本着公心而不是私利，配合好国家对社会治理组织的管理，积极发挥对政府治理的补充作用，愿意主动与政府部门互通有无，带着敬畏之心对待自己的组织，而不是把社会治理组织变成谋求个人私利，甚至牺牲国家利益，损害政府治理的效果和公信力。（5）在社会治理组织内部，应该不断养成共同参与、协商讨论的习惯，贯彻法治思维，形成民主气氛，自觉接受党委和政府领导。

第五，必须清楚乡村、社区自治建设的未来重心。乡村和社区自治对于察民生、听民意、掌握矛盾、化解矛盾、实现公平、维护和谐扮演主力军的作用。强化乡村、社区自治是国家治理体系的重要一环，是搭建治理大厦的根基，也是治理能力强弱的直接表现。

---

① 公维友、刘云：《当代中国政府主导下的社会治理共同体建构理路探析》，《山东大学学报》（哲学社会科学版）2014年第3期。

（1）提高理性的政治参与能力，在自治组织中能够公允客观表达意见，在平等协商的基础上进行商讨，谨防出现不理性、无序化甚至野蛮的行为。权利与义务是对等的，享受高度自治的权利，必然也要担负起应有的义务，享受参与乡村社区自治的权利，更应牢固树立坚持党的领导、依法办事和充分发扬民主有机统一的意识。（2）在参与乡村和社区治理时应该把"大我"意识放在最重要的位置。当前有些政治参与行为，要么是维护狭隘的自我利益，要么是借助于出发点正当而使用不正当的过激手段给政府施压，给社区和乡村自治添乱。（3）干净的网络社区民意表达平台建设。社区民众的网络表达，非理性、网络暴政、肆意攻击、恶意谩骂的情况依旧是今后要认真面对和反思的问题。（4）中国乡村和社区自治建设必须打破"人情社会""熟人社会"怪圈。很多有碍公正、乡愿抱团的现象必须克服。古代中国没有社会一词，"社会"就是中国人理解的"乡"，孔子说："吾观于乡，而知王道之易也。"正因为"乡土"意识根基深厚，在社区、乡村自治中，才更要把经过改造的乡风民约、加入公德意识的老乡意识、对陌生人的责任意识、一视同仁的公平意识、敢于担当的责任感融入社区、乡村治理结构中。（5）在社区、乡村自治方面加强立法、规范管理，为社区、乡村自治确立制度化硬约束。比如在人民代表大会的代表比例上逐步实行城乡按相同人口比例选举人大代表，消除选举中的城乡差异，进一步扩大广大农民在人大代表中的比例，扩大他们在国家权力机关中的发言权。（6）在社区乡村治理中，要清理一些残留的封建思想。用规则、法律、制度、平等等新观念来滋养基层治理的氛围，谨防"以专权代替民主,以人治凌驾法治,以潜规则架空制度,以特权践踏人权,以小农意识蚕食公民意识,以权力侵犯权利"①等封建意识的存在并直接或间接地影响基层自治。

---

① 郭强:《〈党和国家领导制度的改革〉与推进国家治理现代化》,《理论与改革》2014年第5期。

第二章
中国国家治理的底色

习近平总书记指出:"一个国家选择什么样的治理体系,是由这个国家的历史传承、文化传统、经济社会发展水平决定的,是由这个国家的人民决定的。"这句话实际上提出了治理体系和治理能力现代化的"制度性""传承性""中国性""时代性"和"人民性"[①]多个标准。"制度性"和"中国性"重点体现在社会主义制度的国家性质的历史创新与制度传承;"传承性"体现出优秀传统文化在国家治理体系和治理能力现代化中的韧性和继承性;"时代性"体现在中国经济发展水平和所处的历史方位;"人民性"则是检验国家治理体系和治理能力水平的根本标准。我国的国家治理体系和治理能力现代化是完善中国特色社会主义制度的总目标的体系创新和执行能力的提升部分,服务于中国特色社会主义制度。中国治理的第一底色,就是社会主义的制度底色,在进行这场伟大变革的整体性跃进中,必须在全党全国统一思想认识,明确基本立场,表明坚定意愿,公开积极态度:推进国家治理体系和治理能力现代化,是为了坚持和完善中国特色社会主义制度,而不是因为有比中国特色社会主义更好的制度追求而削弱、改变或放弃这一制度。

[①] 张德修:《治理现代化离不开传统营养》,《人民日报海外版》2014 年 5 月 8 日。

第二章
中国国家治理的底色

一、治理现代化要谨防西方"颜色革命"诱导的"伪现代化"

我国国家治理的成功实践至少证明了三点：一是西方有些人低估了中国特色社会主义制度的优势、韧性、活力和潜能，所谓"中国崩溃论"是站不住脚的；二是中国走出了一条不同于西方国家的成功发展道路，形成了一套完整的、不同于西方国家的制度体系；三是治理一个国家、推动一个国家实现现代化，并不只有西方一种模式，各国完全可以走出自己的道路。① 国家治理能力，特别是民主政治建设事业是人类社会进步的重要确证，能否以最优策略积极稳妥务实地推进浩繁的民主政治建设工程，是检验治理效果和政治成熟与否的重要标志。中国在民主实践中，一直维护国家最根本的人民代表大会制度，不断寻求、建立、实现、创建和完善人民主权的民主形式。党的十八大以来，中国特色社会主义民主政治建设增添了很多新气象、新创建，特别是面向 21 世纪的中国的民主政治建设成就更具有里程碑意义。一段时期内，各种错误思想如"权力垄断论""制度缺失论""制度西化论""民主政治建设滞后论""改革倒退论""否定改革论"等又沉渣泛起。需要从理论和现实上旗帜鲜明地加以澄清："政治体制改革滞后论"是伪命题，社会民主政治建设必须遵循自己的方法论，中国正在提供优于西方民主政治的治理良方。

1. 政治体制改革和民主政治建设滞后论是伪命题

习近平总书记指出："不能笼统地说中国改革在某个方面滞后。

---

① 秦宣：《推进国家治理现代化的方向和路径》，《人民日报》2016 年 6 月 22 日第 7 版。

在某些方面、某个时期，快一点、慢一点是有的，但总体上不存在中国改革哪些方面改了，哪些方面没有改。问题的实质是改什么、不改什么，有些不能改的，再过多长时间也是不改。"①在应对改革的实际问题时，必须以人民主体性思维、整体思维、系统思维、协调思维综合考量，坚持把完善和发展中国特色社会主义制度、推进国家治理体系和治理能力现代化作为全面深化改革的总目标，把民主政治建设纳入国家治理体系和治理能力现代化之中，系统协调有序地推进。中国在规划改革蓝图时，必须全面考虑矛盾平衡所涉及的各个方面，"加强对各项改革关联性的研判，把经济、政治、文化、社会、生态等方面的体制改革有机结合起来，把理论创新、制度创新、科技创新、文化创新以及其他各方面创新有机衔接起来"②。

中国的民主制度建设是在摆脱压迫和奴役，追求民族独立、国家富强、社会进步和人民幸福的长期奋斗和探索中逐步形成的。自从把"人民"二字写在自己的旗帜上，对人民民主的追求就已经内化于中国共产党的执政实践之中；自从选择了社会主义道路，社会主义政治文明就已经成为中国共产党矢志不渝的追求。中国社会主义民主政治展现出来的强大生命力、无限的创造力和服务经济建设造就辉煌业绩的能力足以证明：中国特色社会主义政治发展道路是符合中国国情、保证人民当家作主、体现人民主体性、尊重人民基本权益的正确道路。中国政治发展道路和民主政治建设经验：只有坚持走社会主义、扎根本国土壤、依托于历史文化传统、汲取中外

---

① 《习近平关于全面深化改革论述摘编》，中央文献出版社2014年版，第15页。
② 《习近平关于全面深化改革论述摘编》，中央文献出版社2014年版，第37页。

的治理滋养、立足于基本国情建立起来的民主制度才可靠、管用。

苏联解体、东欧剧变已经证明，只改革一个方面，而忽略其他方面往往容易造成改革的梗阻和危害，一旦政治体制改革背离经济基础，以激进的休克疗法推进，必然引发社会动荡，摧毁现有的生产力，最终彻底失去党的领导权，造成政党垮台国家解体。即便稳健推进各种改革，中国依然存在各种不当论调。"滞后论"质疑政治体制弊端太多，指责国家不想改、不愿意改，与市场经济的需要不符合，中国需要一场类似苏联的彻底的全面的改革；"过头论"质疑改革开放，质疑中国特色社会主义的社会主义性质；"失败论"质疑改革成果，割裂两个三十年的内在一致性，用改革前三十年历史时期否定改革开放后三十年历史时期，把改革后遇到的新问题、新难题看成是没有遵循改革开放前的路线造成的。或者用改革开放后三十年的成就否定改革开放前三十年的历史，无视前三十年在应对重大挫折中取得的重大成绩。而认为中国民主政治建设滞后于经济体制改革的论调最有影响力。

按照历史唯物主义观点，经济基础决定政治改革的走向，我国的经济体制改革是中国特色的市场经济的自我完善，这种完善的效果恰恰说明政治体制改革是契合经济基础的。如果政治体制与经济基础不相适应，中国经济近40年的持续高速发展就无法解释。"两个否定"的本质是否定中国特色社会主义事业的历史连贯性，否定党的执政基础和合法性，企图搞乱全党全国人民思想的统一，制造改革的混乱，达到别有用心的政治目的。而习近平总书记的"两个不能否定"的论断，就是要强调改革的一贯性、社会主义性质的连续性、党的执政基础的统一性、全党全国人民思想认识的一致性。"在这个大是大非问题上，我们要有十分清醒而坚定的认识。"①一句话，政治体制改革和民主政治建设必须围绕全面深化改革总目标，"这个总目标回答了推进各领域改革最终是为了什么，要取得什么样的整体效果这个问题"②。

"滞后论"实质是把西方民主作为标准裁量中国的民主政治建设效果。其立足的角度、价值判断的标准还是西方民主最优论、西方价值普世论。西方大国搞民主输出的最有效办法就是，一方面，将西方民主美化成放之四海皆准的普世模式；另一方面，在目标国家寻找代言人主动迎合、接洽、倡议这种民主普世观，批驳本土民主形式。至今没有谁能比美国政治学家萨缪尔·亨廷顿更坦率了，他说："普世主义是西方对付非西方社会的意识形态。"③民主是个好东西，前提是"适合"才是好东西，民主的真谛在于尊重人民的主体性，用公平正义的制度去团结公民有序参与国家治理，选好委托人，激发社会创造潜能并不断营造和谐安宁的制度设计。民主政治追求的是一种能阻止惰性、保持活力的政治秩序，能直面群众需要，满足人民需求，解决实际问题。不"合适"的民主会造成权力失控引发群龙无首，追求政党私利而相互倾轧，为竞选登台而漫天许诺，为狭隘的利益而造成民族隔阂，为集团利益而彼此掣肘等问题。中国的民主政治建设之所以能规避这些，关键还在于为民的民主的精

---

① 《习近平总书记系列重要讲话读本》，学习出版社、人民出版社2014年版，第17—18页。
② 《习近平总书记系列重要讲话读本》，学习出版社、人民出版社2014年版，第42页。
③ 塞缪尔·亨廷顿：《文明的冲突与世界秩序的重建》，周琪、张立平等译，新华出版社2010年版，第45页。

神和真谛没有丢，国家治理的合力才无限巨大。

2. 必须遵行社会主义国家治理和民主政治建设的方法论

在民主政治建设的道路上，由谁领导人民建设，用什么方法建设，遵循什么规律来建设，这是民主建设成功与否的方法论。中国作为发展中的社会主义大国，坚持什么样的政治发展道路、民主政治建设之路是关乎人民幸福、关乎党的使命、关乎国家根本、关乎全局的重大问题。

第一，坚持以没有私利的中国共产党领导中国的国家治理和民主政治建设。党的十八大以来，习近平同志提出并反复强调："中国共产党的领导是中国特色社会主义最本质的特征。"在当今世界，没有哪一个政党比共产党更无私，更能代表国家未来；在当今中国，没有哪一种政治力量比中国共产党更能领导中国走向新胜利。怀疑、弱化、削弱共产党的领导地位的任何形式的民主改革都不是人民真正需要的改革；动摇党的执政根基的民主政治建设，一定会断送党和人民的美好未来。中国共产党总揽全局，协调各方，是我国政治稳定、经济发展、民族团结、社会稳定的根本点和最大压舱石，绝对不能有丝毫动摇。

为什么太平天国运动、洋务运动、戊戌变法、义和团运动、清末新政等都未能取得成功？尝遍君主立宪制、帝制复辟、议会制、多党制、总统制等各种形式的旧中国为什么依然山河破碎、积贫积弱？适合中国国情的政治制度模式在哪里？挽救民族危亡、实现民族振兴的决心谁最大？辛亥革命之前的变法、义和团等政治运动，既不是成熟的政党制领导模式，也不是出于无私的改革目的，主要还是围绕着族群利益、集团利益、权贵身份而进行的改革与革命。君主制、帝制、议会制、多党制、总统制等模式，获益的依然是君主权贵、帝王将相、党派与资产阶级，是以穷人的炼狱之苦换取富人的天堂，所以注定要失败。最终还是最无私利与私心的中国共产党以"筚路蓝缕，以启山林"的决心寻找到人民民主这个正确的国家政治制度模式，开启中国政治文明新征程。党中央始终高举人民民主旗帜，"在前进道路上，我们要坚定不移走中国特色社会主义政治发展道路，继续推进社会主义民主政治建设、发展社会主义政治文明"①。

第二，始终坚持以我为主，牢牢掌握改革主动权，遵循国家治理和民主政治建设规律渐进推进。改革不能像傅立叶所说的那样"瞎子领着瞎子走路"，"以什么样的思路来谋划和推进中国社会主义民主政治建设，在国家政治生活中具有管根本、管全局、管长远的作用"②。改革是一场选出路、找方向的深刻变化，找出路需要明确来路，找方向需要指南，更需要遵循规律循序渐进。我们往这个方向改，总有声音说那个方向才对；目标本来是清晰的，总有质疑和否定存在；中国的民主政治建设本是中国自己的事情，却成为世界指手画脚的舆论场域。越是遭遇质疑越是要坚定改革的方向，越是要清醒地把握好政治定位，遵循好民主政治建设的内在规律，以政治上的明白人身份推进政治体制改革和民主制度建设，以理论上的

---

① 习近平：《在庆祝全国人民代表大会成立60周年大会上的讲话》，人民出版社2014年版，第14页。
② 习近平：《在庆祝全国人民代表大会成立60周年大会上的讲话》，人民出版社2014年版，第14页。

坚定清醒研判民主政治走向，这既是政治自信，更是使命担当。

实践证明，人民民主在中国的建构和运行的渐进过程中是科学合理的，从实践探索到发展完善必然需要一个历史过程。而中国民主政治建设的成就，已经远超老牌资本主义国家民主建设的速度："在英国，从1215年《大宪章》开启权利保障的历史算起，到1948年全国实现普选权，经历了700多年；在法国，政府通过财产、纳税额和居住时间对投票权加以限制，男子从1791年起直到1871年才得到普选权，妇女直到1944年才得到普选权；在美国，从殖民时期只让成年白人土地所有者投票，到1965年投票权利法案通过，黑人等其他少数民族完全获得选举权，经历了350年。"① 在渐进改革过程中，我们找到了实现民主的价值原则和制度化保障的契合点；实现了党内规范建设和满足人民广泛政治参与的同步；建构了基层"摸着石头过河"和顶层科学设计的联动互渗模式；探索出人民网络问政参政的新平台和实现网民自治、网络监管的平衡。我国作为传统深厚、坚持马克思主义指导的第三世界大国，必然走与西方民主不同的道路。在西方主导的话语体系中，民主是判断改革进步的唯一目标，个人权利是建设现代化国家的必然诉求。西方国家的政治变革道路就是不断优化以个人权利为中心的民主模式。很多新兴发展中国家在遭遇西方民主输入的"颜色革命"之后，惨痛的事实使他们幡然醒悟：不适宜本国国情的民主化，逆人类社会发展规律的西式民主化，必然导致政局不稳、经济衰退、两极分化、利益集团

---

① 房宁、赵俊华：《坚定中国特色民主政治制度自信》，《人民日报》2016年9月13日第7版。

化、民主被少数人操纵、引发新的社会不平等、部族冲突加剧、权力斗争裂缝增大等现象,甚至葬送和平,导致国家分裂。西方国家为什么会出现排斥其他民主形式的不民主的自我优越论?为什么会出现与民主做派不同的霸权主义?为什么会造成阶层对立、分裂加剧、社会不公等极端矛盾?从本质上说,因为不符合绝大多数人利益的西方民主注定是要衰败的。很多第三世界国家在遭遇西式民主的表面风光的诱惑之后,改换门庭,再造地基,从内部抽离了民族自信心和自豪感,最终根基也丢了,民主也搞不好。戈尔巴乔夫正是从根基上进行民主变革,恰恰是拥抱西方民主的"公开性""不留历史空白"的民主改革,最终导致苏共亡党、苏联解体。

第三,立足于人民立场,科学甄别民主形式,为我所用,始终保持制度自信。美国的世界警察角色是经过谁的民主投票选出的?美元垄断世界"铸币权"是经过哪个国家民主授权的?为什么坐在西方民主殿堂前排的大多是各种利益集团代表和政治献金者?所谓民主标杆的"美国梦"难道不是富者恒富、中产趋贫、穷人更穷吗?为什么"中国的兴起和中国的发展模式的出现,对于全球而言是石破天惊"[①]?为什么历史上从来没有任何一个国家或社会,能像中国这样在960万平方公里的国土上,保持经济持续发展,大规模消灭贫困?为什么我们集中力量办大事、高效科学决策能力让美国人羡慕,期待"做一天中国,一天就好"?回答好这些问题,就能区别出优质民主和劣质民主的界限。朱云汉认为:"美国作为积极推

[①] 朱云汉:《高思在云——中国兴起与全球秩序重组》,中国人民大学出版社2015年版,第119页。

动民主的唯一超强,却是劣质民主的最大传染源。"①

从本土历史、传统、国情中寻找民主政治建设的办法,不等于闭门造车。自古希腊城邦治理民主提出以来,欧美等政治学大师在民主化进程中有很多尝试和创新,不少民主理念和实践值得中国借鉴。但必须有立场地借鉴、有定力地吸收,不能崇洋媚外、糟粕不辨、囫囵吞枣、邯郸学步。习近平指出:"照抄照搬他国的政治制度行不通,会水土不服,会画虎不成反类犬,甚至会把国家前途命运葬送掉。"②面对中国社会主义民主政治的制度特点和优势,要有制度自信:人民代表大会制度不同于西方的议会,共产党的领导不同于西方的党派,人民民主也不同于西方的民主。能够实现党的领导、人民民主、依法治国有机统一的制度安排,当今世界别的制度、别的国家办不到。

3. 中国贡献了比西方民主更好的治理方案

为什么福山说"没有优质的国家,就没有优质的民主"?为什么亨廷顿说西方民主开始走向衰败?尊重人民主体地位的民主政治建设,是确保中国民主政治先进的根本保证。

第一,评价民主制度优劣的中国高标准。中国提出了"8个能否"的高标准来评价一个国家政治制度是不是民主的、有效的,而中国的实践证明:中国领导层以无私性和老祖宗的政治智慧,能够确保并且已经实现国家领导层的依法有序更替;以人民政权和人民

---

① 朱云汉:《高思在云——中国兴起与全球秩序重组》,中国人民大学出版社2015年版,第47页。
② 习近平:《在庆祝全国人民代表大会成立60周年大会上的讲话》,人民出版社2014年版,第16页。

代表大会制度,能确保全体人民依法管理国家事务和社会各项事务;我国以工农联盟执政和"权为民所用、利为民所谋、情为民所系"的政治灵魂,能始终关注人民群众利益诉求;以政治协商制度、协商民主、选举民主和基层治理,能确保社会各方面有效参与国家政治生活;以集体领导、多党合作、专家论证、政协双周会、听取民意、试点推广法、顶层设计等综合手段,能确保国家决策的科学化、民主化;以"五湖四海"、干部"四化"、德勤能绩廉、竞争上岗、公开录用、党政首长问责等原则来选贤用能,确保各方面人才能通过公平竞争进入国家领导和管理体系;通过优化依法行政、推行权力清单制度、严格党内纪律条例、强化党纪严于国法、领导干部过问案件备案制度等全面依法治国、从严治党,能确保执政党依照宪法法律规定实现对国家事务的领导;通过人大监督、网络监督、纪委举报热线、反腐制度化、中央巡视制度化、政务公开等手段,能确保权力运用得到有效制约和监督。

第二,人民代表大会制度这种民主形式是中国制度优势的直接体现。从新中国成立起,人民代表大会制度就铭刻在人民政党的民主政治建设铜表上[①]。1949年刘少奇指出,资产阶级人民议会装样子,我们不是装样子。1954年朱德指出,建立与健全人民代表大会制度是国家建设事业必不可少的保证。江泽民同志1990年3月指出,建设社会主义民主政治,最重要的是坚持和完善人民代表大会制度。胡锦涛强调,人民代表大会制度是我国的根本政治制度,坚持和完

---

① 《〈人民代表大会制度重要文献选编〉主要篇目介绍》,《人民日报》2015年6月19日第11版。

善人民代表大会制度，是发展社会主义民主政治、建设社会主义政治文明的重要内容。习近平同志2014年9月在《在庆祝全国人民代表大会成立60周年大会上的讲话》中指出，人民代表大会制度是中国特色社会主义制度的重要组成部分，也是支撑中国国家治理体系和治理能力的根本政治制度。新形势下，要毫不动摇坚持人民代表大会制度，也要与时俱进完善人民代表大会制度。

人民代表大会制度是中国国情、社会主义国家性质、实现人民当家作主的必然选择。怎样坚持和完善人民代表大会制度？必须毫不动摇坚持中国共产党的领导，必须保证和发展人民当家作主，必须全面推进依法治国，必须坚持民主集中制。中国共产党的领导是中国特色社会主义最大政治优势，党从总揽全局、协调各方的高度统领社会主义民主政治建设；发展人民当家作主必须坚持和完善人民代表大会制度，做好人民政协工作，密切人大代表与人民群众之间的联系，不断扩大人民民主，健全民主制度，丰富民主形式，拓宽民主渠道；全面推进依法治国，必须加强司法体制改革，完善法规体系，健全民法典，试点设立跨行政区划的法院、检察院、巡回法庭，规范审判制度，完善立案登记制改革，健全取证用证制度，健全错案责任追究机制、法官终身问责制度，构建阳光司法机制，健全国家司法救助制度等；必须坚持民主集中制，处理好集体领导和领导核心的关系，既要维护习近平总书记的领导核心地位，维护中央权威，又要弘扬党内批评与自我批评的好风气，进一步健全和完善党内民主制度体系，既要放权，又要发挥党的统领与协调功能。

第三，民族区域自治制度促进了各民族融合和共同繁荣。2016

年 1 月 21 日，普京总统主持召开了科学教育委员会咨询会议并谈到列宁的"民族自治"等思想，"最终导致了苏联解体，它像是被安放在'俄罗斯'大厦下的核弹，后来这枚核弹爆炸了"。自列宁以来，苏联高层确实在民族问题上犯下了"幼稚病"。民族自决的思想、民族联邦制、自由退出联邦的低门槛是苏联民族问题的根源。斯大林强调指出，"苏联是享有平等权利的各加盟共和国的自愿联盟"，把"民族自决权""各民族有成立独立国家的权利"作为"民族政策的基础"①。1953 年 3 月周恩来同志指出："人民代表大会和苏维埃也是有不同的。苏联是两院平行制，除联盟院外，还有民族院。"②苏联在解决民族问题上，把解决民族问题手段理想化，无视民族问题的长期性、复杂性和重要性，在物质和精神条件准备不足的情况下加速民族融合。普京做出这样的判断是因为在苏联宪法条文中给予了加盟共和国自由脱离苏联的权利，恰恰是这条规定使民族主义精神和民族问题慢慢滋养出来，也不断加剧联盟中央与民族共和国及民族之间的对抗。"正是民族主义同另外一些社会经济、政治等因素，甚至同某些完全个人的因素纠结在一起，构成了那根带来厄运的火柴，而一些利害攸关的势力则用它点燃了干柴堆。"③中国的民族区域自治制度则不同于苏联的形式。在内蒙古自治区成立 70 周年庆典上，中央的贺电指出："民族区域自治制度日臻完善，各民族交往交流交融日趋扩大，民族团结不断加强，对伟大祖国、中华民族、中华文化、

---

① 《斯大林文集》，人民出版社 1985 年版，第 4—8 页。
② 《〈人民代表大会制度重要文献选编〉主要篇目介绍》，《人民日报》2015 年 6 月 19 日第 11 版。
③ 尼·伊·雷日科夫：《大国悲剧——苏联解体的前因后果》，徐昌翰等译，新华出版社 2008 年版，第 382 页。

中国共产党、中国特色社会主义高度认同。"①民族区域自治制度，是中国特色社会主义重要特点，它强化了中华民族一家亲、各民族平等团结和谐、交流交融、守望相助，共创了各族群众共居、共学、共事、共乐、共享的生动民族融合风景线。

第四，统一战线和宗教政策、中国共产党领导的多党合作和政治协商制度等政策和基本政治制度，也是中国民主政治建设的优势。我国高度重视统战工作、多党合作、宗教工作，也是中国特色和卓有成效的治理业绩。统一战线的独特优势在于最大限度把各界人士的才智凝聚起来，为国家建设、经济发展挖掘最大潜能，激发更大活力，寻求最大公约数，增进最大共识度，形成最大凝聚力。多党合作与政治协商制度，特别是社会主义协商民主作为中国社会主义民主政治的特有形式和独特优势正在发挥更大作为，不断加强社会各种力量的合作协调，发挥民主党派和无党派人士在协调关系、汇聚力量、建言献策、服务大局方面的作用，不断夯实共识沃土。做好宗教工作是尊重信仰自由、团结群众、争取人心、促进和谐、保障共同繁荣的治理需要。中国共产党既主张信教自由，又主张要旗帜鲜明地反对各种错误的宗教观；既要坚持保护合法宗教活动，又强力制止、遏制、抵御非法、极端的借用宗教名义的犯罪和恐怖活动。中央高度重视培养更多政治上靠得住、宗教上有造诣、品德上能服众、关键时起作用的宗教界代表人士，确保宗教组织领导权牢牢掌握在爱国爱教人士手中，而不是在邪恶教徒手中。

---

① 《内蒙古自治区成立70周年庆祝大会》，http://www.xinhuanet.com/politics/nmgdqzb/wzsl.htm。

2017年《美国国家安全战略报告》作为美国新保守主义的宣言书,表示要寻求与中国建立积极、建设性、全面的关系,与"欢迎一个稳定、和平与繁荣的中国的崛起"的战略定位相比,此次美国发布的这份国家安全战略报告剑指中国,毫不避讳,有33次提及中国,并将之视为"战略竞争对手",在前言中就把中国定位为"美国的挑战者"角色,甚至把中国、俄罗斯定义为"修正主义"国家,是威胁美国国家安全的三类型中的第一类,其他两类是"流氓政权"和"跨国威胁性组织",把中国与朝鲜和国际恐怖主义视为美国的威胁。如果说《美国国家安全战略报告》目标是维护美国的国家利益,这种私心是可以理解的,但在这样的公开报告中无端指责中国,只要不按美国的意愿办事的国家都不是好国家,这样的评价标准毫不掩饰美国的国家霸权。现代西方社会之所以要把他们自己的、仅具有地方性的"知识"包装为"普世知识""全球共识"和"普世价值",本质上是要试图使其民主模式、治理模式以及资本主义制度模式驾驭全球,但凡与美国的资本主义制度不合拍的,像中国、俄罗斯等就被贴上"修正主义"国家的标签。世界不只有一个美国,不只有资本主义制度作为人类社会治理的道路选择,中国作为有主见、有定力、反和平演变并搭上快速发展列车的大国,依靠自己的制度优势、道路选择、核心价值和民族精神,强国力、聚民心、汇民力、惠民生,在富强复兴之路上,每一步都是治理进步的艰辛旅程。中国深知,"国家建设比民主建设更关键"①,经历"颜色革命"的第三

---

① 朱云汉:《高思在云——中国兴起与全球秩序重组》,中国人民大学出版社2015年版,第44页。

世界发展中国家的命运证明,西方民主带来的不是福音,而是无休止的战乱与贫穷。中国民主政治建设走在世界前列,给世界提供了积极的新方案。未来,中国民主政治建设、政治体制改革、行政体制改革、协商民主建设、司法体制改革、文化建设和意识形态工作、军队改革工作等,都必须符合国家治理体系和治理能力现代化,保证人民当家作主,保护人民群众的利益,解放和发展生产力,激发新的生机活力,实现国家富强繁荣稳定和谐的需要。

二、善待优秀传统治理资源滋养,谨防治理的"飞来峰"

皮埃尔·卡蓝默在《破碎的民主:试论治理的革命》引言中写道:"治理拥有自己的历史、文化和根深蒂固的传统……即便国家治理体系经历多次革命性改造,都难以改变其政治基因。"[1]优秀传统基因重塑当代中国发展灵魂,改进治理基因,中国特色的现代治理规律的探索更多的不是来自外力,而是来自中国传统文化基因的内生惯性。优秀传统在价值、文化基因、精神层面给予中国走向治理现代化的精神指引。在马克思主义治理观和治理现代化浪潮的影响叠加下才形成了现代治理特性,走出了中国特色的国家和社会治理模式。探索中国治理的路径,必须基于优秀传统文化、精神和马克思主义的中国化,立足于面向21世纪的中国化马克思主义立场来梳理。

1.厚植于优秀传统文化汲取传统治理资源

用优秀传统滋养当下中国治理现代化,杜绝食洋不化的治理制

---

[1] [法]皮埃尔·卡蓝默:《破碎的民主:试论治理的革命》,高凌瀚译,生活·读书·新知三联书店2005年版,第9页。

度"飞来峰"。国家治理现代化和民主政治建设的目的是要更深刻地体现人民主体性,对不好的形式加以改进或抛弃,不断扩大中国民主政治的优势。解决中国民主政治建设的办法只能在本土的土壤、优秀政治传统、马克思主义的治理智慧中寻找,这是历史唯物主义的基本立场。忘却人民立场的社会改良不行,没有马克思主义理论指导的旧式农民战争也不行,失去自我立场而推行宪政的资产阶级革命派领导的民主主义革命更行不通。正如马克思所说:"人们自己创造自己的历史,但是他们并不是随心所欲地创造,并不是在他们自己选定的条件下创造,而是在直接碰到的、既定的、从过去承继下来的条件下创造。"① 中国的历史、经济、传统、文化和现实条件从根本上决定了在中国只能推进中国特色社会主义民主政治建设,分层次扩大人民有序参与政治。习近平总书记指出,设计和发展国家政治制度,必须注重历史和现实、理论和实践、形式和内容有机统一。要坚持从国情出发,从实际出发,既要把握长期形成的历史传承,又要把握走过的发展道路、积累的政治经验、形成的政治原则,还要把握现实要求,着眼解决现实问题,不能割断历史,不能想象突然就搬来一座政治制度上的"飞来峰"。② 中国有5000年的发展史,"中国有960多万平方公里土地、56个民族,我们能照谁的模式办?谁又能指手画脚告诉我们该怎么办?"③ 民主

---

① 《马克思恩格斯选集》第1卷,人民出版社2012年版,第669页。
② 习近平:《在庆祝全国人民代表大会成立60周年大会上的讲话》,人民出版社2014年版,第15页。
③ 习近平:《在庆祝全国人民代表大会成立60周年大会上的讲话》,人民出版社2014年版,第15页。

建设可以借鉴,但不能依赖别国,也不能靠别国的经验,只能从我们传统和现实的结合中寻觅。

2. 独特的传统决定中国治理的精神坐标

发展的列车需要经常停靠在理性的月台进行治理能力补给,为自己的正确行进方向和美好未来校准精神坐标。党的十八大报告指出:"经过九十多年艰苦奋斗,我们党团结带领全国各族人民,把贫穷落后的旧中国变成日益走向繁荣富强的新中国,中华民族伟大复兴展现出光明前景。"[①]而随着中国特色社会主义进入新时代,"意味着近代以来久经磨难的中华民族迎来了从站起来、富起来到强起来的伟大飞跃,迎来了实现中华民族伟大复兴的光明前景。"[②]从十八大的"展现出"到十九大的"迎来了",意味着"现实性"和"兑现的能力"越发清晰与确定。这种光明的前景表现:经济平稳较快发展,改革开放取得重大进展,人民生活水平显著提高,美好生活愿望也在发生"质"的变化,民主法制建设迈出新步伐,文化建设迈上新台阶,社会建设取得新进步,国防和军队建设开创新局面,港澳台工作进一步加强,外交工作取得新成就和党的建设全面加强。集中起来,治理的精神坐标确定的基准在于以下几点。

第一,成功来自信仰,只有信仰自己的民族,景仰自己民族力量的民族才会有美好的未来。历史的实践一再证明,一个国家的人民对自己国家和民族的前途不抱有希望,不愿意为之去奋斗,结果

---

① 《坚定不移沿着中国特色社会主义道路前进 为全面建成小康社会而奋斗——在中国共产党第十八次全国代表大会上的报告》,http://www.xj.xinhuanet.com/2012-11/19/c_113722546.htm。
② 习近平:《决胜全面建成小康社会 夺取新时代中国特色社会主义伟大胜利——在中国共产党第十九次全国代表大会上的报告》,人民出版社2017年版,第10页。

必然是从曾经的伟大帝国开始分崩离析、家园破碎、列强侵扰、民不聊生。当前我们致力于现代治理规律的研究，推进国家治理体系和治理能力现代化，必须基于对民族未来的积极判断，相信民族复兴的可能，破除西方神话。

第二，人民主体性、民本传统。如果说人本主义、民本思想成就了中国历史上的王朝盛世，那么信奉人民利益至上则是中国共产党领导中国人民缔造世界发展奇迹的最质朴的力量源泉。13亿多人走向现代化，无法循着规律化的路径前进是极其危险的，找到中国语境下的治理规律，中国治国理政的成功关键还是要把人民放在国家利益的首位。（1）以民为本，是中国传统仁君治理理念的倚仗，也是儒家善治始点。（2）以人为本，是新时期科学发展理念的核心。毛泽东说，人民，只有人民，才是创造世界历史的动力，是真正的英雄，真正完全打不破的铜墙铁壁。共产党是为民族、为人民谋利益的政党，它本身绝无私利可图。邓小平问："我们进了城，执了政，是做官呢，还是当人民的勤务员呢？"胡锦涛则告诫我们："相信谁、依靠谁、为了谁，是否始终站在最广大人民的立场上，是区分唯物史观和唯心史观的分水岭，也是判断马克思主义政党的试金石。"共产党是人民大众投身美好生活事业的领航员，应该始终与群众保持血肉联系，对自身身份保持清醒的认识，即共产党员是人民的公仆。共产党领导人民闹革命，图的是人民的幸福与安康，寻觅到一条让人民最少受苦受难的路径，既然出发点是以民为本，则其结果更应该是以人为本。（3）没有中国共产党，人民利益至上必缺乏贯彻保障，群众观也难以深入贯彻。群众观是写在无产阶级政党旗帜上的,是"镰刀""斧头""麦穗"的昭告,群众路线是对无产阶级政党"来自谁、为了谁、依靠谁"最简单的回答,是唯物史观最深刻的揭示,是人类社会发展价值论和方法论的统一,是马克思主义政党的权力来源,是认识论的根本遵循。党的根基在群众,血脉在群众,力量源泉也在群众。马克思主义的无产阶级政党必须须臾不离群众路线,必须始终行进在群众路线的康庄大道上。

第三,国之四维,定乾坤之纲。古人讲:"国有四维,一维绝则倾,二维绝则危,三维绝则覆,四维绝则灭。倾可正也,危可安也,覆可起也,灭不可复错也。何谓四维?一曰礼,二曰义,三曰廉,四曰耻。礼不逾节,义不自进,廉不避恶,耻不从枉。故不逾节,则上位安;不自进,则民无巧诈;不避恶,则行自全;不从枉,则邪事不生。"①尽管"礼义廉耻"四维有糟粕的成分,但其对于中国传统治理结构的稳定还是起到了积极的作用。"礼"规定了人的尊卑序列,正如柏拉图的《理想国》中所设想的那样,每人各司其职,各安其分,"做自己的事",大家都服从于和谐、秩序与神圣尺度,统治者做仁君之事,被统治者做好本分之事,不会超越界限与行事轨迹。"礼"既可以理解为等级分工,尊卑贵贱之别,也可以理解为社会正义平衡的需要;"义"划定了人行为做事的规矩,好"义"者得名分之所得,鄙视非分之想,鲜有巧言令色、偷奸耍滑之事发生;"廉"是这善良本性的维护,能驱邪框正,守好良心的底线;"耻"是指道义上的羞耻感和自我责备,有耻的人就不会盲目跟从坏人,

---

① 赵守正:《管子注译》,广西人民出版社1982年版,第1页。

能守住善恶评价的标准，不做邪恶的事。"礼起于何也？曰：人生而有欲，欲而不得，则不能不求，求而无度量分界，则不能不争。争则乱，乱则穷。先王恶其乱也，故制礼义以分之，以养人之欲，给人之求。使欲必不穷乎物，物必不屈于欲，两者相持而长，是礼之所起也。"(《礼论》)封建礼教固然有阶级维护的视野在里面，这也是因为在那个时代做学问并不是平民大众的事情，正如在古希腊城邦时代，"不论在色诺芬的笔下还是柏拉图的笔下，苏格拉底都没有提到过穷人。他们似乎从来没有进入过他的视野"①。"礼教"秩序也并非一无是处，"今天我们应重新反思儒家的礼乐教化，把新文化运动时期礼教'吃人'的概念重新梳理一下。是不是礼教只有'吃人'的一面？礼教是不是还有让我们真正懂得怎样做人的道理在其中？今天我们是不是应该教育人们要恪守本分，各尽其职，尽伦尽职？""对于传统文化的取舍运用，我们可以木匠为例，'善用者无弃材'"②。

3. 独特的基本国情注塑中国治理灵魂

不管是治国理政方式的选择，还是对社会主义建设规律的认识，或者是对执政规律的理解，都必须基于对基本国情的正确把握。一个国家在历史长期演进中采用什么样的治理制度，没有既定的程式，这与国家在实际发展过程中的具体情况各不相同是紧密关系的。

第一，旧中国治理面对的基本国情是一个长期处于多民族融合的落后的农耕文明和封建王朝时期。在封建社会不同朝代其地理位

---

① [美]斯东：《苏格拉底的审判》，董乐山译，三联书店1998年版，第51页。
② 楼宇烈：《儒家的礼乐教化》，人大复印资料《精神文明导刊》2013年第9期。

置、国土面积、自然资源、人口状况、经济力量、周边政策、异域融合深度，包括地貌水域流向等，对于其国家治理安排都至关重要，那时还谈不上科学技术的发展，仅有打铁、冶炼、制陶、印刷等手工技艺。而像教育程度、民族关系、阶级结构、社会制度、政权形式、宗教信仰、文化特点、军事实力、对外关系等这些决定后来国家发展的基本国情要素，在早期封建社会都还远没被充分捕捉到。落后的农耕文化导致社会样态也是封闭性的，经济以自给自足的小农经济为主。而封建王朝的家长制放大，也必然在这种自我封闭的状态中日益具有合法性。

第二，近代以来半殖民地半封建社会的性质，决定中国选择的道路和治国理政的方式必须具有独特性。毛泽东认为中国特殊国情最重要的是"中国社会的性质"，明白这种性质，"这是解决中国一切革命问题的最基本的根据"[①]。我国民主革命的成功就是因为认清了中国社会的半殖民地半封建性质，"两半制度"残余和三座大山导致敌我力量悬殊，由此选择了农村包围城市最后夺取全国政权的正确道路。

第三，新中国成立以来的实践证明，国情把握不准，国家就要陷入灾难和混乱。20世纪50年代中期基于对中国的基本国情把握不准，左右摇摆，错过了一个发展窗口期，导致片面追求"一大二公三纯"的公有制，使党的思想理论、路线政策和实际工作都陷入"左"的泥沼中。理想化的公有制和跑步进入共产主义的思想错误，

---

① 《毛泽东选集》第2卷，人民出版社1991年版，第646页。

结果是生产力发展不起来，经济凋敝，物资匮乏，人民贫困也就在所难免了。

第四，第二代中央领导集体对国情的基本研判是回答好什么是社会主义，如何建设社会主义的总开关。"以阶级斗争为纲"的路线在邓小平同志的领导下获得了修正。1982年邓小平说："我们干革命几十年，搞社会主义三十多年，截至一九七八年，工人的月平均工资只有四五十元，农村的大多数地区仍处于贫困状态。这叫什么社会主义优越性？"①他告诫渴望发展的国人说："不要离开现实和超越阶段采取一些'左'的办法，这样是搞不成社会主义的。"②

第五，第三代中央领导集体及后继者对国情的正确把握和理解深化。"70年里，我们党领导各族人民为中国社会的进步做了许多事。总起来说，就是三件大事：第一，完成反帝反封建的新民主主义革命任务，结束了中国半殖民地半封建社会的历史；第二，消灭剥削制度和剥削阶级，确立了社会主义制度；第三，开创建设有中国特色社会主义的道路，逐步实现社会主义现代化，这件事还正在做。"③这就是我们在初级阶段必须始终坚持的道路，"就是要通过社会主义制度的自我完善和发展，建设有中国特色社会主义的经济、政治、文化，以适应和促进社会生产力的不断发展和社会的全面进步，实现社会主义现代化"④。至于走多久，"在这个长过程中，我们已经历了若干个具

---

① 《邓小平文选》第3卷，人民出版社1993年版，第10—11页。
② 《邓小平文选》第2卷，人民出版社1993年版，第312页。
③ 中共中央文献研究室：《十三大以来重要文献选编》（下），人民出版社1993年版，第1631页。
④ 中共中央文献研究室：《十三大以来重要文献选编》（下），人民出版社1993年版，第1637—1638页。

体的发展阶段,还要继续经历若干个具体的发展阶段"①。这比"至少一百年"又有了新的含义。胡锦涛从"三个没有变"的高度对基本国情做了概括:"我国仍处于并将长期处于社会主义初级阶段的基本国情没有变,人民日益增长的物质文化需要同落后的社会生产之间的矛盾这一社会主要矛盾没有变,我国是世界最大发展中国家的国际地位没有变。"②2012年11月17日,在十八届中央政治局第一次集体学习时,习近平总书记强调:"社会主义初级阶段是当代中国的最大国情、最大实际。我们在任何情况下都要牢牢把握这个最大国情,推进任何方面的改革发展都要牢牢立足这个最大实际。"

三、以人民为中心而不是少数权贵的治理的现代化

托克维尔指出,"政治社会的建立并非基于法律,而是基于情感、信念、思想以及组成社会的那些人的心灵和思想的习性"③。以人民为中心的价值文化追求是中国发展变革最深沉的呼唤。共产党站在人类历史发展规律的最前沿,代表着先进生产力的发展方向和规律,坚持人民主体地位和维护社会公平正义是社会主义发展的内在规律,坚持解放和发展社会生产力,努力走向共同富裕是符合人类未来走势的发展规律,符合最广大人民的共同利益需求。发展要依靠最广大的人民群众,必须为了人民群众。国家治理体系和治理能力现代化,必然是以人民为中心的治理现代化。一定要坚持人民群

---

① 江泽民:《论党的建设》,中央文献出版社2001年版,第419页。
② 《习近平总书记系列讲话精神学习读本》,中共中央党校出版社2013年版,第14页。
③ 托克维尔:《旧制度与大革命》,冯棠、于振海译,商务印书馆2012年版,第45页。

众的利益高于一切,在发展中处理好各种利益关系,站在群众的立场上,维护和实现最广大人民群众的切身利益,调动人民的积极性、创造性。

1. 背叛社会主义道路就是背叛人民

道路决定命运,党和国家事业能挺进在社会主义康庄大道上,中国发展能站上新的历史起点,中国特色社会主义能进入新的发展阶段,源于我们党对共产党执政规律、社会主义建设规律、人类社会发展规律的深刻把握和不忘初心的历史智慧;源于我们摸索出一条实现社会主义现代化、创造人民美好生活的必由之路;源于我们找到了党带领人民团结奋进、砥砺前行、走向胜利的精神旗帜;源于我们遵循了当代中国发展进步的根本方向。这就是中国特色的社会主义道路,我们坚定走自己的路,舞台无比广阔,历史底蕴无比深厚,前进动力无比强大。中华民族由衰变强、由穷转富的命运扭转,从几千年封建专制向人民民主的伟大飞跃,关键在于选择了社会主义这一正确道路。

道路问题是关系党的事业兴衰成败第一位的问题,苏共抛弃了社会主义道路——符合未来人类利益最好的路,最终只能走向"邪路"。胡锦涛同志在纪念改革开放30年的报告中说:"只要我们不动摇、不懈怠、不折腾,坚定不移地推进改革开放,坚定不移地走中国特色社会主义道路,就一定能够胜利实现这一宏伟蓝图和奋斗目标。"①中国共产党总结出来的"不动摇、不折腾、不懈怠"这个结论

---

① 《胡锦涛文选》第3卷,人民出版社2016年版,第171页。

有苏联解体的深刻教训。有学者指出:"斯大林领导的苏共没有看到改革的必要性而拒绝改革,赫鲁晓夫时期苏共的改革走了很大的弯路,勃列日涅夫又将苏共拖回了斯大林时期的老路,戈尔巴乔夫抛弃苏共则使苏联走上了亡党亡国的邪路和绝路。"①苏共亡党教育我们"不动摇、不折腾、不懈怠"的极端重要性,以苏为镜,正华夏衣冠。正如邓小平在1992年"南方谈话"中指出那样:"一些国家出现严重挫折,社会主义好像被削弱了,但人民经受锻炼,从中吸取教训,将促使社会主义向着更加健康的方向发展。"②

2. 背叛无产阶级专政就是背离人民民主专政

无产阶级专政是人类历史上最进步的也是最后一次专政,是为走向人类的美好明天,并最终取消阶级而实施的专政,背离无产阶级专政必然放弃人民民主专政,走向人民当家作主的反面,更是对以人民为中心的治理理念的背叛。打碎资产阶级国家机器,建立无产阶级专政的政权,追求以人民为中心的国家治理现代化是无产阶级和广大劳动人民不可须臾离开的护身法宝。

第一,在国家治理现代化道路上,无产阶级专政的历史使命远没有结束。伟大导师马克思指出:"无产阶级专政的首要条件就是无产阶级的军队。"③对于"无产阶级军队究竟由谁来领导"这个建军原则问题,列宁、斯大林遵循了马克思的主张,坚决主张无产阶级政党必须独立地行使对红军的领导权和指挥权。20世纪80年代,戈

---

① 郭春生:《弯路·老路·邪路:战后苏联共产党败亡的轨迹》,《党政研究》2016年第6期,第43—51页。
② 《邓小平文选》第3卷,人民出版社1993年版,第383页。
③ 《马克思恩格斯全集》第17卷,人民出版社1963年版,第468页。

尔巴乔夫开始推行军队改革,则慢慢"丢弃列宁建军原则,取消了党对军队领导的组织保证,致使危急关头军队不听指挥"①。在戈尔巴乔夫看来,阶级斗争已经不需要了,自然要削减军费,缩减编制,放弃对军队的领导,甚至取消了苏共中央及总政治部对军官晋升的政治审查,结果"把庸人留在部队,使骗子扛上将军肩章"②。为了塑造追求和平的高大形象,戈尔巴乔夫及部分苏共领导人刻意与军队保持距离,甚至在媒体上公开指责部队。时任图拉106空降师师长列别德在回忆录中提到,"这一事件使得军官对党的领导的态度开始向危险的方向转变,随后作战师、团拖延或拒绝执行命令的事情不断发生"③,最终发展到军队调转枪口革了苏共的命。

第二,割裂民主与专政的关系,搞极端民主化是苏联的又一教训。共产党本身就是阶级斗争的产物,无产阶级专政是社会主义制度得以维系的理论依据。阶级统治的工具在无产阶级专政的国家,不可能是"代表全民意志",无产阶级民主与全民的民主不能混淆,敌人依然存在。戈尔巴乔夫把社会主义与资本主义的本质区别在人道的民主社会主义概念中悬置了,把民主和专政对立,把斯大林的个人错误和无产阶级专政对立,把集体领导原则和民主对立,割裂了民主和专政的关系,模糊了阶级立场和阶级界限。所以,在无产阶级专政的使命远没有完成之前,戈尔巴乔夫就已经拥抱西方的民主了。在民主的进程中,资本家官僚特权势力逐渐强大,最终结果

---

① 李桥铭:《苏联军队"非党化"的历史悲剧》,《红旗文稿》2013年第13期。
② [俄]尼·布兰涅茨:《棋子——国防部秘书眼中的俄罗斯将军们》,徐葵等译,新华出版社2003年版,第336页。
③ [美]威廉·奥多姆:《苏联军队是怎样崩溃的》,新华出版社2001年版,第301页。

就是苏共的蜕化变质，亡党亡国。

3. 做人民勤务员：提升国家治理体系和治理能力现代化

在国家的治理中，"领导者不把人民放在心上，人民也不会把领导者放在台上"。为民奋斗要不改初心，公仆观念要经年弥坚。我们党从成立起就把为共产主义、社会主义而奋斗确定为自己的纲领，铭记对人民的庄严承诺，牢记人民对美好生活的向往就是我们努力的方向。务必坚信党的根基在人民，党的力量在人民，党的血脉在人民，坚持一切为了人民、一切依靠人民，始终与人民保持血肉联系。

第一，苏共领导层依靠人民力量打天下，却没有实现依靠人民力量治天下目标，逐渐脱离人民。在苏联中后期，人民不能以自己的名义来保护自己的利益，人民也对集权的体制表现出消极的对抗，苏共也逐渐丧失了代表人民利益的功能。但当革命的光环退去以后，革命党的领袖们并没有顺利转变成执政党，也没有把人民的需要摆在第一位，未能满足人民对和平、土地、面包、自由的要求。

第二，特权阶层的出现，更是加剧人民对苏共的失望。权高位重的特权阶层垄断政治、经济权力，破坏法制。过度集权的体制势必造就一个党政官僚的特权集团。高官得厚禄，早把巴黎公社的原则抛在脑后，1871年巴黎公社革命工人政权采取两项措施消灭了官僚特权阶层：公社委员由人民普选产生，不称职者可以随时罢免；取消高薪，公社委员（部长级）工薪不得超过熟练工人，工薪最高与最低差别不超过五倍。苏联在斯大林中期（1935至1936年）就已经形成了一个官僚特权集团，最高与最低工资差距达30多倍，到勃列日涅夫时期工资差距达到一百多倍。那个被恩格斯看作"新的真正民主的政权""防止国家和国家机关由社会公仆变为社会主人"①的可靠的办法被无情抛弃了。高薪官僚成为统治阶级的一个特殊阶层，而这个由苏共和苏联自己培植起来的党政军高薪特权官僚集团，正是苏共和苏联的真正掘墓人。特权阶层首先拥抱了资本主义，彻底背离了以人民为中心的发展道路。人民需要、社会主义和共产主义概念，已经沦落为腐败分子口头上掩盖其贪腐的遮羞布，当他们作为特权阶层羽翼丰满、不可撼动之后，便会毫不犹豫地展示出狼子野心，将其扯去，踩在脚下，而美其名曰"人道的民主社会主义"。

历史是现实的根源，昨天是今天的镜子，苏共亡党、苏联解体教育我们，坚持不忘初心、继续前进的极端重要性。失去初心、背叛党性、放弃信仰、背离正确方向、抛弃最优道路、远离人民、改旗易帜是苏共、苏联的灾难，也是国际共产主义运动的灾难。这场灾难如果有积极价值的话，那就是为中国特色社会主义的发展道路提供了教训。置身于中国改革的关键期，面对伟大斗争、伟大工程、伟大事业、伟大梦想，共产党人和中国人民不做犹豫者、观望者、懈怠者、软弱者，要从指导思想、奋斗目标、根本要求、总体布局、战略布局、发展理念上与中央统一思想统一行动，时刻准备应对重大挑战，抵御重大风险，克服重大阻力，解决重大矛盾，不忘初心，砥砺前行。务必坚持中国特色社会主义，发展面向 21 世纪的中国的

---

① 《马克思恩格斯选集》第 3 卷，人民出版社 1995 年版，第 12—13 页。

马克思主义，坚定马克思主义指导地位，怀揣远大理想和信念，坚定道路自信、理论自信、制度自信和文化自信，坚持和巩固党的领导地位和执政地位，把握好时代脉搏，面向实践问题，勇于创新，大胆开拓，为实现伟大复兴中国梦，增益人民的福祉而不懈奋斗。

四、必须坚持共产党领导，有选择地借鉴现代西方治理经验

在实现国家治理现代化进程中，汲取和借鉴人类文明的一切有益成果，是开明政府和开明政治的必然选择，中国共产党从不拒绝汲取先进的东西，但绝不能照搬西方的制度模式、治理经验和发展道路。在坚持和拓展中国特色社会主义道路、坚持和完善中国特色社会主义制度这一根本问题上，坚定主张和保持良好定力是不二选择。西方政党与政治的不纯粹性来自从制度上无法抽离的政治献金，政治背后是资本的力量在博弈，大财团、垄断资本、集团联盟是国家治理结构与治理体系的主导力量，无时不在，无时不有。与西方政治制度和治理结构不同的是，在中国特色社会主义政治制度安排下，我们党的路线方针政策来自人民的真实意愿，人民的良好的治理意见直接影响国家发展和民族前途，坚持党的领导是历史和人民的自愿选择，治理体系和治理能力现代化，本质上是各族人民利益达成和幸福的兑现。这种天然优势以其无可替代性，确立了我国的治理结构优越于西方的关键所在。实现国家治理现代化没有党的绝对领导，必然陷入纷争和无序，不仅无法实现现代化，更会破坏已取得的伟大成就。

1. 防止碎片化和断章取义解读国家治理体系和治理能力

习近平总书记指出，国家治理体系和治理能力是一个国家制度和制度执行能力的集中体现。准确理解国家治理体系和治理能力现代化要把握好以下几点。第一，务必牢记推进国家治理体系和治理能力现代化的前提是党领导人民治理国家。与西方政治学所理解的无政府主义、新自由主义、善治、公民社会治理理念、普世价值观有明显的政治界限。党的领导是中国特色社会主义制度的核心，也是我们推进国家治理体系和治理能力现代化的重要支点和根本保证。第二，关于"治理"这一概念，习近平总书记在谈话中以"推动全球经济治理改革""世界格局及全球治理体系""全球经济治理体系"等形式来表述。就"国家治理体系"而言，是在党领导下管理国家的制度体系，这一前提不能动摇。实践已经证明，没有共产党就没有新中国，没有中国共产党，就不会有40多年的发展奇迹，没有党的正确决策和英明领导，就不会有世界第二大经济实体的问世。第三，当前的国家制度设计总体是好的，是符合历史唯物主义科学路径的，是符合生产力和生产关系的辩证法原理的，也是符合经济基础和上层建筑的辩证要求的。第四，倡导国家治理体系和治理能力现代化，不等于否定以前的治理效果和国家主要制度设计。发展的低级阶段有低级阶段的制度需要，发展的高级阶段有高级阶段的制度设计，不能用今天的国家治理体系和治理能力现代化的目标来否定过去和当前的制度设计，也不能以过去的制度设计来应对当前的发展状况。因为发展阶段不同，面临的问题也不同。第五，国家治理体系和治理能力是辩证统一、相辅相成的，有了好的国家治理体系才能激发治理能力最大化,国家治理能力提高了,才能充分发挥国家治理体系的作用和价值。

共产党领导人民制定的法律能最大限度确保人民民主的实现,我们的"民有、民治、民享"不是美国式的"1%所有、1%治理、1%享用"(诺贝尔经济学奖得主斯蒂格利茨如是指责美国)。党的领导是中国特色社会主义民主法治之魂。西方的多党制、轮流坐庄制、议会制、三权分立容易造成分权体制僵化,遭遇利益集团捆绑,党派分歧尖锐,彼此设置政策掣肘,引发低效内耗。中国推行的民主集中制原则"把国家机关协调高效运转同集中力量办大事、把人民群众广泛参与同集中领导、把社会进步同国家稳定、把充满活力同富有效率高度统一起来"①。

那位自大地认为美国民主是人类最好的民主,大谈"民主终结论""民主顶峰论"的福山,也不得不承认,在优秀领导者的手中,中国制度体系的表现实际上可胜过民主体系,而中国这种"体系无须受制于利益集团的游说和诉讼,无须组成烦琐的政治联盟,也无须教育公众认清自己的真正利益,就能做出艰难的重大决定"②。中国民主自身的优势,决定中国民主不会"迎合某些人的'掌声'",也不可能愚蠢地把"西方的理论、观点生搬硬套在自己身上"③。

---

① 何民捷:《保证和支持人民当家作主——关于社会主义民主政治建设的对话》,《人民日报》2016年8月30日第7版。
② [美]弗朗西斯·福山:《政治秩序的起源:从前人类时代到法国大革命》,毛俊杰译,广西师范大学出版社2015年版,第346—347页。
③《习近平关于全面深化改革论述摘编》,中央文献出版社2014年版,第20页。

2."谁治理、如何治理、治理什么"事关治理旗帜的问题

第一,"谁治理"是一个历史唯物主义的问题。人民是历史的创造者,是我们的力量源泉,也是治理的主体,人民群众是最强大的物质力量与精神力量的统一体。习近平总书记指出,"大鹏冲天飞翔,不是靠一根羽毛的轻盈;骏马急速奔跑,不是靠一只脚的力量。中国要飞得高、跑得快,就得依靠13亿人民的力量"。推进国家治理体系和治理能力现代化,必须紧紧依靠人民。没有人民支持和参与,任何改革都不可能取得成功。民族独立需要人民,革命事业需要人民,建设事业需要人民,国家富强需要人民。实践证明,无论遇到任何困难和挑战,只要有人民支持和参与,就没有爬不过去的坡,跨越不了的坎。党代表人民领导人民治理国家,关键是调动全体人民的积极性、主动性、创造性,必须坚持以人为本,尊重人民主体地位,发挥人民群众的首创精神。

第二,"如何治理"是治理手段选择与治理框架如何搭建的问题。一要实现公平正义。党的十八大明确提出,公平正义是中国特色社会主义的内在要求;要在全体人民共同奋斗、经济社会发展的基础上,加紧建设对保障社会公平正义具有重大作用的制度,逐步建立以权利公平、机会公平、规则公平为主要内容的社会公平保障体系,努力营造公平的社会环境,保证人民平等参与、平等发展权利。党的十九大报告,更是要求在谋民生之利、解民生之忧、破公正司法困局方面多发力,要求补齐民生短板、促进社会公平正义,"努力让人民群众在每一个司法案件中感受到公平正义",不断满足人民日益增长的美好生活需要,持续实现"幼有所育、学有所教、劳有所得、

病有所医、老有所养、住有所居、弱有所扶",不断促进人的全面发展、全体人民共同富裕。二要统筹总布局。政治治理、经济治理、文化治理、生态治理、社会治理需要协同推进,有序进行。三要建章立制。真正实现社会和谐稳定、国家长治久安,还是要靠制度,既改革不适应实践发展要求的体制机制、法律法规,又不断构建新的体制机制、法律法规,使各方面制度更加科学,更加完善,实现党、国家、社会各项事务治理制度化、规范化、程序化。四是依宪治理。习近平总书记在中共中央政治局就全面推进依法治国进行第四次集体学习,以及《在首都各界纪念宪法公布实施30周年大会上的讲话》中,多次对法治中国建设提出了很多精髓论断和极其重要的思想观念,比如,依法治国首先是依宪治国,依法治国的关键是依宪执政。中国的伟大成就与宪法制度的发展共同证明了一点:宪法与国家前途、人民命运息息相关。维护宪法权威,就是维护党和人民共同意志的权威。捍卫宪法尊严,就是捍卫党和人民共同意志的尊严。保证宪法实施,就是保证人民根本利益的实现。

第三,"治理什么"回答的是治理目标的问题。一是要解决党员领导干部脱离群众、能力不足、知识陈旧和消极腐败的问题,要提高党科学执政、民主执政、依法执政水平,提高国家机构履职能力,提高队伍整体素质。二是要优化治理效能。要解决制度琐碎过时、法规不衔接、政出多门、成本大、效能低等不良问题,避免出现"制度天花板",政策相互打架掣肘,部门利益固化。国家成立深化改革领导小组的深意就在于此,要保证政令畅通,打破条块分割,拒绝利益固化。三是要提高人民参与度。充分发挥社会组织、慈善机构、民间团体、非政府组织、各种自治协会的积极参与作用，在参与广度和深度上进行探索试点，加大政府管理创新，促进民主协商，适当简政放权，重视民间力量，拓宽百姓参与治理的深度和广度。

3. 必须确保中国共产党领导国家治理

2018年宪法修改建议指出：第一条第二款"社会主义制度是中华人民共和国的根本制度"后增写一句，内容："中国共产党领导是中国特色社会主义最本质的特征。"①这个定性说明确保中国共产党的领导具有极端重要性。

确保党始终成为中国特色社会主义事业的坚强领导核心，发挥党作为军中帅统，总揽全局、协调各方的作用。党的十八大以来，在习近平总书记的多次讲话中，加强党的领导和维护中央权威和集中统一领导，始终是常讲常新的重大命题。从中共中央党史和文献研究院于2019年10月编辑出版的习近平总书记《论坚持党对一切工作的领导》一书可以清晰地看到，在很多重大问题突出强调党的领导，比如在深化改革中加强党的领导，加强党对统战工作的领导，提高党领导经济社会发展能力和水平，坚持把党校姓党全面贯穿党校工作的始终，坚持党对舆论工作的领导，加强和改进党对文艺工作的领导，加强党对哲学社会科学的领导，牢牢掌握党对高校工作的领导权，要求党的高级干部要自觉经常同党中央对表，校准自己的思想和行动，坚持党对国企领导原则，加强党对金融工作的领导，

---

① 《中国共产党中央委员会关于修改宪法部分内容的建议》，http://app.peopleapp.com/Api/600/DetailApi/shareArticle?type=0&article_id=1020243&from=timeline。

第二章
中国国家治理的底色

发挥好党在做好民族工作和宗教工作中的关键作用，处理好党的领导与依法治国的关系，把党的领导贯彻到依法治国的全过程和各方面工作之中，坚持党对军队的绝对领导这一强军之魂。这些要求，充分体现中国共产党领导是中国特色社会主义最本质特征这一内在要求，把党的领导制度和我国社会主义制度优势转化为社会治理优势，不管是党和国家机构改革、党的组织体系建设，还是思想政治理论课建设，都必须以党的全面领导为统领，确保国家治理体系建设朝着正确航向破浪前行。

2019年10月，中国共产党第十九届中央委员会第四次全体会议审议通过了《中共中央关于坚持和完善中国特色社会主义制度、推进国家治理体系和治理能力现代化若干重大问题的决定》，决定中再次把加强党的领导制度体系建设摆在最重要的位置，"必须坚持党政军民学、东西南北中，党是领导一切的，坚决维护党中央权威，健全总揽全局、协调各方的党的领导制度体系，把党的领导落实到国家治理各领域各方面各环节。"[1]国家治理的关键和根本是要"准确把握我国国家制度和国家治理体系的演进方向和规律，突出坚持和完善党的领导制度。"[2]围绕"坚持和巩固什么、完善和发展什么"这个重大政治问题，牢牢坚持重大制度和原则，推进各项治理体系建设，实现治理能力现代化。

---

[1] 习近平：《中共中央关于坚持和完善中国特色社会主义制度 推进国家治理体系和治理能力现代化若干重大问题的决定》，新华网，https://news.nwpu.edu.cn/info/1238/66492.htm。
[2] 习近平：《关于〈中共中央关于坚持和完善中国特色社会主义制度 推进国家治理体系和治理能力现代化若干重大问题的决定〉的说明》，新华网，http://www.xinhuanet.com/politics/leaders/2019-11/05/c_1125195941.htm。

中国共产党领导下的国家治理，基于我们的国家性质，人民代表大会制度，必然是自始至终贯彻以人为本、扎根群众，关心群众冷暖，一切决策和政府行为始终把人民群众高兴不高兴、答应不答应、满意不满意、赞同不赞同作为出发点和落脚点。1922年罗素在《中国的前途》一文中说："如果中国的改革者在国力足以自卫时，放弃征服异族，用全部精力投入于科学和艺术，开创一种比现在更好的经济制度，那么，中国对世界可谓是尽了最恰当的义务，并且在我们这样一个令人失望的时代里，给人类一个全新的希望。我愿意以此来唤醒'少年中国'，因为这一希望并非遥不可及，因为这一希望是能够实现的，所以中国人应该受到所有热爱人类的人们的极高崇敬。"① 习近平在出席中国国际友好大会暨中国人民对外友好协会成立60周年纪念活动时，强调中华民族的血液中没有侵略他人、称霸世界的基因，中国人民不接受"国强必霸"的逻辑，愿意同世界各国人民和睦相处、和谐发展，共谋和平、共护和平、共享和平。中国确实是把主要精力用于建设事业，不谋求霸权，也没有征服异族的野心，理应获得国际社会的极高崇敬，而不是别有用心地散布中国威胁论。

如果说中国的治理中存在问题，那也仅仅是以下方面的问题：第一，对社会主义认识和把握还不够深刻，偶尔会出现局部失误或走些弯路。目的依旧是为了让人民群众生活得更幸福，更有尊严，而非别的动机，党和政府从来没有站在人民利益的对立面去

---

① [英]勃兰特·罗素：《中国问题》，秦悦译，经济出版社2013年版，第191页。

做决策。

第二，社会主义建设是一项需要不断探索的伟大实践，没有既定的经验可以遵循，在"摸着石头过河"的探索中，在顶层设计的酝酿中，在一个 13 亿人参与的大国实践中，不可能没有问题，不可能没有失误。只是要力求避免犯大的治理错误，少犯错误，更不容许出现方向性与旗帜性错误。因为国家大，国家治理体系和治理能力现代化既要下大力气又要稳妥推进，不能盲目，不能折腾，我们经不起折腾。

第三，存在政府的局部短视行为和利益固化倾向。这项治理体系和治理能力的宏大事业的推进，必须立足国家整体利益、根本利益、长远利益，必须下定决心，坚定定力，破除思维定势，爬坡过坎，啃硬骨头，打破利益固化的藩篱，稳妥推进改革这一战略部署。面对全面深化改革，习近平总书记指出，"要注意避免合意则取、不合意则舍的倾向"，而"合意"与否的判断标准，不能是个人的偏好，不能是政治家个人的选择，凡是"对党和人民事业有利的，对最广大人民有利的，对实现党和国家兴旺发达、长治久安有利的"，这就是真正"合乎公意"，该改的就要坚定不移地改。

第四，人为地夸大治理与管理、治理与统治之间的界限。有人认为中国国家职能体系建设和治理能力现代化，必须依托于成熟的公民社会理念，忽略中国治理环境中的治理思想与统治和管理的连续性，这种判断是非常错误的。

中国特色的国家治理观，要求国家治理体系和治理能力现代化必须是立足于我们的国情、党情和世情，要从中国的地缘政治、民族构成、文化传统和行为习惯中来研究治理的现代化手段，而不是着眼于西方的公民社会，甚至世界公民社会、全球公民社会理论，无视中国的政治、文化、经济、地缘、人口、素质的整体国情，盲目地照搬西方的价值观，失去自己的政治定力，就无法得出中国治理体系建设和治理能力现代化的良方，甚至得出的是一个恶方。

中国特色的国家治理观具有以下一些特点。第一，治理的统治本质依旧不能改变，不能因为强调治理，就一味无原则地强求去中心主义，弱化政府的管理职能。第二，治理与善治观念与马克思主义的历史唯物主义观念是具有内在一致性的。治理与善治，即便强调的是多元主体，也应是突出人民的主体性，强调的是去集权中心主义，这本质上就是历史唯物主义的基本观点，强调人民群众是治理的主体，遵循人民至上，以民为本，调动人民群众的主动性、积极性，尊重人民群众的首创精神。没有人民支持和参与，任何改革都不可能取得成功。第三，现代治理具有工具理性的价值取向，是基于大众公共理性的选择而做出的行为，在某种程度上也是一种开放治理意识下的"公意"，也是对传统管理和统治概念的自我优化，但不截然分立。第四，依从实质正义和程序正义，遵循法治，宪法至上。第五，体现群众路线，表征出决策轨迹的回旋循环性。第六，治理具有透明性，能更好预防和减少腐败。第七，治理是一个动态的多元主体相互合作，但又是以政府为主的行为。第八，治理的实现必然伴随着广泛的协商民主的发展和利益相关方的相互包容妥协。第九，治理失效也往往是基于利益集团的渗透和绑架政府选择，造成局部或整体利益藩篱，或者因为协商无果，或是民主的泛滥，而影响及时做出集中决策。第十，不能因个别领导的腐败，少数干部脱离人民群众，做出错误的决策，而迁怒于整个政党。看待腐败问题，必须一分为二，弄清主流和支流的关系，少数和多数的关系，个别和一般的关系，局部和整体的关系，这些是马克思主义辩证法的重要范畴，也是科学认识的基础。

4. 两个"维护"是推进国家治理体系和治理能力现代化的内在规定

坚决维护习近平总书记党中央的核心、全党的核心地位。列宁、毛泽东和邓小平无不强调一个政党领导核心的重要性，要实现一个世界上最大政党的集中统一性性、保证全党令行禁止，确立核心是至关重要的。坚决维护习近平总书记党中央的核心、全党的核心地位，是人民的选择，也是一个成熟和走向定型的马克思主义执政党的必然要求。"对维护党中央权威和集中统一领导，更好地凝聚党和人民的力量，推进中国特色社会主义伟大事业和民族复兴大业，具有十分重大而深远的意义。"①

如何确保一个拥有9000万名党员、460多万个基层党组织的大党能够做到令行禁止，必须通过"核心"的权威力量来实现集中调度，确保党统领东西南北中、工农商学兵，确保党中央的核心与权威。实践证明，中国共产党拥有"核心"的时代，往往是发展最好的时代，离开"核心"与"权威"是难以想象的，没有核心的领导

---

① 中共中央宣传部：《习近平新时代中国特色社会主义思想三十讲》，学习出版社2018年版，第77页。

更是靠不住的。我们党团结带领13亿多人民进行社会主义现代化建设，推进国家治理体系和治理能力现代化，治国理政任务之艰巨、情况之复杂、斗志之艰巨、责任之重大、机遇之难得，是世界上其他任何政党都无法比拟的。国家治理体系和治理能力现代化，也必然蕴含着摆脱各自为政的非系统性行动的困境，有了集中统一领导，中央的核心和全党的核心，才能避免一盘散沙，实现万泉归流，成就中国民族伟大复兴的大事。

习近平总书记党中央的核心、全党的核心地位，是历史的选择、时代的选择和现实的选择。习近平总书记是在长期革命实践中、地方工作成长为党的领袖、人民的领袖。其政治魅力、政治作为、人格魅力、时代意识、改革创举、创新意识、人民主体思想等，综合造就了一个非凡的马克思主义政治家和人民领袖。习近平总书记"开创了中国特色社会主义新时代，推动党和国家事业发生历史性变革、取得历史性成就，推动管党治党发生历史性变化，展现出巨大的政治勇气、坚定的意志品质、深沉的历史忧患、强烈的责任担当，赢得了全党全军全国各族人民衷心拥护，赢得了国际社会高度赞誉。"[①]他是党和国家、人民和中华民族在新时代的幸运之星。

在推进国家治理体系和治理能力现代化进程中，必须坚决维护习近平总书记党中央的核心、全党的核心地位，在治理体系建设和治理能力提升中，必须切实增强"四个意识"，自觉同以习近平同志

[①] 中共中央宣传部：《习近平新时代中国特色社会主义思想三十讲》，学习出版社2018年版，第78页。

为核心的党中央保持高度一致,在思想上高度认同,政治上坚决维护,组织上自觉服从,行动上紧紧跟随。

坚决维护党中央的集中统一领导。坚持党总揽全局、协调各方的领导核心地位。形成东西南北中、工农兵学商、不同组织层级和机构的"众星捧月"之势,确保中央委员会、中央政治局、中央政治局常委会的领导决策核心地位。确保在国家治理体系的大棋局中,党中央是坐镇中军帐的"帅",车马炮各展其长、各司其职,承担不同治理内容的各级党政军和人民团体,在管总的治国理政要求中,核心明确、方向清晰、章法分明、机制健全、执行有力。推进国家治理体系和治理能力现代化,提高党的执政能力和领导水平,要求深化党和国家机构改革,但各项治理改革都必须遵循党的集中统一领导这一前提。人大、政府、政协、监察机关、审判机关、检察机关、人民团体、企事业单位、社会组织等各项治理变革,都必须在党的统一领导下协调进行。要以加强党的全面领导为统领,以国家治理体系和治理能力现代化为目标,协同推进党和国家机构职能效能化,与时俱进地调整机构设置,聚焦转职能、转方式、转作风,全面提高国家治理能力和水平,实现大国善治。

第三章
中国治理体系的搭建

马克思说:"理论在一个国家实现的程度,总是决定于理论满足这个国家的需要的程度。"1992年,邓小平坦言:"恐怕再有三十年的时间,我们才会在各方面形成一整套更加成熟、更加定型的制度。"① 中国国家治理体系和治理能力现代化,是当前中国在理论和实践上的双重需要。一方面,更加定型的治理制度会更科学,更规范,更制度化;另一方面,尽管"我们的国家治理体系和治理能力总体上是好的,是有独特优势的,是适应我国国情和发展要求的"②,但与人民期待、与国际局势发复杂性要求相比,中国迫切需要推进国家治理体系和治理能力现代化,不断完善国家制度,使各方面制度更加定型。搭建国家治理体系必须遵行一些基本原则。

一、合规律、合民意和合目的性相统一

中国特色的国家治理体系和治理能力现代化是共产党执政规律、人类社会发展规律、社会主义发展规律的统一,是解决人民需求、促进人的全面发展和人类社会发展相统一的治国理政安排。

---

① 《邓小平文选》第3卷,人民出版社1993年版,第372页。
② 习近平:《完善和发展中国特色社会主义制度 推进国家治理体系和治理能力现代化》,《人民日报》2014年2月18日。

第三章 中国治理体系的搭建

1. 中国特色的国家治理必然是符合最广大人民利益的"善治"

谈到"善治""良治"或"仁治",俞可平认为:"概括地说,善治就是使公共利益最大化的社会管理过程。善治的本质特征就在于它是政府与公民对公共生活的合作管理,是政治国家与公民社会的一种新颖关系,是两者的最佳状态。"①人类对善治的关注与人类文明是同步的,民族国家对善治的追求也是历久弥新的。按照公共管理理论的思潮,"好的服务需要合作、互利,以及共同善与私人善的和谐"②。但能否做到"善治"与社会制度选择具有紧密关系,资本主义可以在可容忍的制度框架内实现形式的善治,但不能实现实质的善治。善治是具体的、现实的、有阶级性的,善治不是抽象的、普遍的,超越阶级、超越国家的。今天西方所倡导的剥离政治学强化管理学的"善治"意义,试图丰富多元化善治理念,但"善治"的主要意思,依旧不能剥离作为社会统治和管理而实施的具有权威性的公共管理活动。当然,随着治理观念的发展,善治的主体和统治主体必然会产生分化,管理的手段也会不断创新,权力运行也多了自

---

① 俞可平:《治理与善治》,社会科学文献出版社2000年版,第8—10页。这种论断揭示了"善治"的部分本质规定,但忽略了阶级、制度分析等重要内容。世界银行定义为"以开放的、透明的、负责任的、平等的并能满足民众需求的方式来成功管理国家的资源和事务";欧盟主张:"善治是在一个坚持人权、民主、法治的政治和制度环境下,为达到公平和可持续发展而对人、自然、经济和财政资源进行透明且负责任的管理。"联合国亚太经社理事会主张:治理成为善治的必要条件是腐败被减为最小程度,在决策过程中考虑少数人的看法以及倾听弱势群体的声音。该机构确认了善治的8个主要特征:本质上是参与、方向上达成共识、具有公信力、透明、积极回应、有效用和效率、公平和包容和法治。([印]哈斯·曼德、默罕默德·阿斯夫:《善治:以民众为中心的治理》,国际行动援助中国办公室编译,知识产权出版社,第10—11页。)俞可平教授认为根据发展中国家的实际情况应再加上廉洁和稳定两条标准。(俞可平:《全球治理引论》,《马克思主义与现实》2002年第1期。)俞可平的这一判断,也是基于以上联合国亚太经社理事会的主张做出的。
② [英]伦纳德·霍布豪斯:《社会正义要素》,孔兆政译,吉林人民出版社2011年版,第95页。

下而上的反向互动,追求的目标价值和评价标准一定不同于集权政府的管理行为。但国家和社会公共事务的垄断性和强制性,依旧是当下"善治"和"治理"的中心要义。

"善治的实践和促进活动由社会各个部门共同承担,包括司法部门、行政部门、廉政工作人员、审计人员、公司、地方团体、新闻记者、非政府组织、社会活动家、政党、工会等。其他的参与者包括多边和双边的援助机构、联合国系统、预防性外交机构和国际非政府组织。还有一些善治方面的私人及机构,他们以中间人形式从事私有化、政治风险和公共部门改革咨询等工作。"[①]善治实际上是一般政治权力的反向运动,又是政治权力的本质性运动,权力来自人民的授权,是社会建设力量崛起的表现。善治给予权力的下放,不等于无视权力的界限,实现治理观念下的善治,必须基于几个前提:一是党领导人民治理国家;二是民众的自愿积极参与;三是遵循规则,自觉认同国家制度与权威领导。

善治是一种起点正义、过程正义、程序正义、结果正义和代际正义的动态的治理状态。不仅仅对当前负责,也需要对未来和长远负责。习近平总书记指出,国家治理改革要对历史负责,对人民负责,对国家和民族负责。善治本质还是一种政府体制,只是这种体制具有多主体性、开放性、预见性、透明性和法治性,特别是政府必须不断采用广为民众接受的新的治理工具,比如随着网络化发展而采用网络问政、预算制度改革、三公经费公开等,积极实施绩效

---

① [印]哈斯·曼德、默罕默德·阿斯夫:《善治:以民众为中心的治理》,国际行动援助中国办公室编译,知识产权出版社2007年版,第13页。

管理和权力结构扁平化。善治企图达到的局面只能是描述性的，因为随着时间的推进，这一概念的内涵和外延依旧保持开放的变化和完善姿态，需要不断调整和积极回应百姓可变化的预期和需求。从宏观描述上看，善治的状态至少是持续保持物质财富丰富、以人为本、文明开放、社会公平、环境友好、和谐稳定和民主法治的良好局面。而弱势群体的利益满足则是善治与否的试金石，大致也符合罗尔斯的正义原则，任何一项制度安排，在促进整体利益的时候，必须优先照顾到弱势群体的利益，也就是说最大多数人利益满足的时候，必须以优先考虑弱势群体的利益满足为前提。只有一个国家最弱势群体和贫困群体利益得到保障时，善治才能实现。这样，必然引发另一个问题，比如精英决策阶层，或者主流社会群体在利益选择上，无疑具有自利化的倾向，最终能否保证公平正义的实现？强势精英阶层的利益、弱势群体的利益与中央政府和各级地方政府在政策上能否保持平衡？

中国善治与西方一般善治理论相比具有以下特点。第一，中国治理与善治具有天然的统一性，这是由国家性质、政体决定的。中国特色的社会制度安排，决定中国政府的政治立场就是为最广大人民群众谋求幸福，造福人类。

第二，善治中国，必须基于我们的历史传统、文化传承、基本国情而做出合理的选择，要看到中华文化积淀着中华民族最深沉的精神追求，在这些丰厚的文化滋养中，根植着人民意愿、预设着中国特色的制度安排，也集中体现着适应中国和时代发展进步要求的治理选择。

第三,"治大国如烹小鲜",大国实现善治,13亿的"蛋糕"做好本就不易,从备料到加工,再到火候控制,无一不是复杂繁重的任务,而要把"蛋糕"再分好,还要保证公平正义和各方的积极性,不能伤害到弱势群体的利益,可想而知,这其中蕴含的对执政能力的考验、对领导智慧的要求、对分配原则的把握、对中央和地方的权力分配与制衡、对管理与民众的参与需要,都提出了更大挑战。不仅仅要循序渐进,更要量力而行。

第四,中国的善治推进,或者说治理体系和治理能力现代化,必须要坚持以经济体制改革为主轴,这是由社会基本矛盾决定的,正如马克思在《〈政治经济学批判〉序言》中所说:"人们在自己生活的社会生产中发生一定的、必然的、不以他们的意志为转移的关系,即同他们的物质生产力的一定发展阶段相适合的生产关系。这些生产关系的总和构成社会的经济结构,即有法律的和政治的上层建筑竖立其上并有一定的社会意识形态与之相适应的现实基础。"要努力在经济这一重要领域和关键环节改革上取得新突破,以此牵引和带动其他领域改革,使各方面改革协同推进,形成合力。

第五,中国的善治必须是具有制度自信、道路自信和理论自信的善治,脱离这一前提,就必然会否定党的领导,否定社会主义制度,否定我们90多年的伟大政治实践和来之不易的成就。当前有一种错误的倾向,把改革开放后30多年成绩和改革开放前30年的进行比较,认为改革开放后30年多年的成绩是伟大的,但错误地认为改革开放前30年的革命恰恰是要革掉改革开放的成绩。这种观点是极其错误的。

与善治中国的思路相比，西方善治概念存在以下几个失误。（1）过分强调去中心主义，试图与传统管理、统治的政治模式彻底划清界限。从治理的本质来看，这是不可能的，也是不现实的。（2）西方的善治概念，采用的是无阶级立场的分析方法，这是极其错误的。比如全球治理的思想中，包含着对全球善治的追求，但也必然包含着发达经济体对不发达经济体的掠夺，包含着发达的工业国对欠发达、不发达的国家的污染输出，也必然引发全球资源依从市场原则而带来的不合理的分配，马太效应越发明显，国家之间差距进一步扩大，发达国家的奢靡浪费与贫困国家的极度饥荒并存。这些情况就足以说明，善治也是有阶级性的，需要阶级的立场分析。就一个国家内部而言，同样需要从阶级立场来理解善治，没有阶级立场，会动摇一个国家的价值根本，无法准确地回答"我是谁、为了谁、依靠谁、谁靠得住"的问题。（3）西方善治理论所建构的话语体系，依旧是西方价值中心主义的延续，它过分强调国家首脑的选举规则、首脑产生的竞争性和开放性，这一立场依旧依从于西方民主理论的思维路径，强调公民个人表达自由、媒体自由、结社自由、游行自由，发展壮大公共部门和私有部门之后的非营利性的第三部门，强化公民社会，脱离权力统治，实施三权分立和廉政监督，与中国特色的民主传统和民主实践有很多理论和事实上的差距。（4）西方善治观念在向中国推广和渗透中，易于激发对立和矛盾。第三部门对政府机构施加影响，原本能够提高政府责任意识，建立民众与官员之间的信任，但是在宣传西方善治理论中，往往是首先采用向政府发难的立场开始，以不信任政府和管理的立场出发，一开始就具有对立化倾向，从而加剧民众对当前政府治理的不信任，也容易割裂善治与当前国家治理的天然联系。在中国的政治实践中，善治的新概念往往易于被理解为把现有政府治理模式回炉再造，甚至完全否定现有的治理模式。我们务必要看到从统治到管理到治理的制度的连贯性，就像习近平指出的那样，发展的低级阶段，有低级阶段的制度需要，发展的高级阶段有高级阶段的制度设计。

2. 最优治理必契合于人类历史发展的最优需求

最优治理离不开最优秀的政党，而执政主体的治理效果的好与坏，也必须从执政之外来评判。执政党的治国理政手段与人类社会发展规律相契合时，代表人类社会发展的最新高度时，最优的治理结果才可能出现。相反，一个再优秀的政党，如果不遵循人类社会发展的基本规律，不能与先进的生产力和生产关系相适应，即便有好的治理创意，也会因为基本矛盾的不可调和而陷入治理的次好甚至糟糕的状态。

第一，社会主义国家治理是与人类历史发展实际高度最契合的治理模式和治理境界。人类社会的发展规律是马克思所揭示的人类社会从低级到高级有规律的更替过程和其中蕴含的更替规律，即原始社会—奴隶社会—封建社会—资本主义社会—社会主义社会五个形态的更替规律。其执政党所处的历史环境是人类社会发展形态的最高历史站位，顺应了社会化大生产的基本要求，体现了生产关系的核心价值，维护着人类社会发展的高级形式，并致力于实现人类社会发展的最高级的形态：生产资料的极大丰富和生产力的极大发展，让每个人摆脱基本物质需求的束缚，劳动不再是谋生的手段，而是一种自由的选择,使每个人获得自由而全面的发展。从人类社会发展的高度上看,社会主义社会的无产阶级政党已经超越其他社会形态的执政党的高度,天然地具有向更高阶段发展的历史趋势。但是,即便同样是社会主义国家,同样是共产党,最终能取得更高的成就和长期执政,还取决于其他若干要素,如政党的先进性、政党的意志、政党的利他性、政党的自我净化、政党的自我约束等合法性要素。中国共产党之所以能够长期执政,是与中国共产党的人民性、利他性、自我净化、从严治党、先进性等要素紧密相关的。离开其中任何一个要素,都会造成执政的灾难和政权的不稳定,甚至亡党亡国。

第二,最优治理必须是三大规律合力作用的结果。人类社会发展有其发展的客观规律,共产党执政也有其执政的规律,社会主义建设有建设的规律,三个规律之间只有呈现正相关才能形成相互促进的合力,否则就是相互掣肘。人类社会发展规律就是生产力和生产关系辩证运动作用的规律,生产力发展水平决定生产关系的状况,生产关系和生产力之间既相适应又相矛盾的关系是推动人类社会变革和发展的根本动力;人类社会发展演进的总体趋势是从低级形态到高级形态,这是人类社会发展的普遍规律。以毛泽东同志、邓小平同志、江泽民同志等为核心的中国共产党三代中央领导集体把中国社会主义发展放在人类发展史的大背景中加以考察,在民族独立的革命中、在摆脱贫穷的建设中、在瞄准未来的发展中进行艰辛探索,最终开辟了中国革命道路和中国特色社会主义道路。把中国社会主义发展的特色烙印到人类发展历史规律的伟大进程中。社会主义建设规律，是从世界社会主义运动的一般发展过程总结出来的，从世界社会主义500年的实践中总结出来的，从空想社会主义，到科学社会主义诞生，再到十月革命的伟大实践，再到中国特色社会主义建设，古巴、朝鲜等其他社会主义国家的实践，回答什么是社会主义，怎样建设社会主义的规律性答案就蕴含在这个过程中。就中国社会主义建设规律而言，我们要回答在中国的国情中什么是社会主义，怎么建设社会主义这个特殊的问题。在中国几代领导集体坚持不懈的探索中，其特殊性体现在中国的60多年的社会主义建设实践中，解决了什么是社会主义，如何实现社会主义，怎么解决生产与共同富裕的关系等问题。中国的社会主义建设探索实践表明，发展与建设要遵循基本的经济规律和国情要求，辩证运用计划和市场手段，必须保持适度务实的发展节奏，既不能超前，也不能滞后，防止超越发展阶段，把社会主义建设事业简单化、短视化、仓促化，必须分若干步骤来稳妥推进。人类社会发展的一般规律，以其普遍性、长期性和预见性引领着发展的基本趋势，规定着一党、一国发展走势和兴衰必然，一旦一个执政党违背历史而运动，违背社会发展规律，就难逃覆亡的命运，执政者必须在大的发展趋势上顺应三大规律。无论是社会主义建设规律，还是人类社会发展规律，贯穿其中最基本、最本质、最核心的是"发展"，处理好三个规律之间的关系，关键在于对生产力和生产关系的辩证把握，顺应其矛盾运动的规律，立足国情解答好如何"发展"的难题。

第三，中国特色的国家治理关键在于必须抓住社会基本矛盾这个牛鼻子。正如前文指出那样，抓住牛鼻子的问题既是一个社会建设的问题,也是对于人类社会发展规律实质的把握,更是对于什么是社会主义,如何建设社会主义,为了谁,依靠谁,如何执政,怎么执政等关键问题的科学回答和合理掌控。中国治理实践表明,一旦治国理政背离了社会基本矛盾,中国就要走弯路,一旦牢牢抓住基本矛盾这个牛鼻子,发展就会蒸蒸日上。中国社会主义建设事业的伟大成就,正是基于我们坚持以经济建设为中心,依据马克思主义辩证法,紧紧抓住时代问题的牛鼻子,占领"发展是硬道理"的真理阵地,用发展的办法解决前进中的问题,必须抓住一切机遇加快发展,才有中国特色治理的光辉业绩。

二、顶层设计、中观实践与微观探索相协调

沧海横流方显英雄本色,故国再造更待圆梦伟业,从山河破碎到新中国屹立,从积贫积弱到变身世界第二大经济实体,百年多的进程展示了中国的苦难与来之不易的辉煌。踏遍"雄关漫道",觅寻"人间正道",铸就"长风破浪"的龙骨铁甲,才有这份沉甸甸的伟业。70多年前,毛泽东同志说:"夺取全国胜利,这只是万里长征走完了第一步。如果这一步也值得骄傲,那是比较渺小的,更值得骄傲的还在后头。"今天习近平总书记说:"我们比历史上任何时期都更接近中华民族伟大复兴的目标,比历史上任何时期都更有信心、有能力实现这个目标。"站在新的历史起点上,回望过去,展望未来,更显事业崇高和神圣,责任重大和光荣。站在过去和未来交汇点上的中国要勿忘昨天、无愧今天、不负明天,要真抓实干,奋发有为,致力于实现国家振兴、民族富强和人民幸福,要把握好前

所未有的机遇，冷静应对国内空前繁重的任务和挑战，洞悉全球深度嬗变激荡的变局，要用新理念、新思想、新战略渡过新的历史关键期，用创新国家治理体系和治理能力现代化引领中国突破风云际会的迷雾。从顶层设计、中层实践和底线摸着石头过河的大胆探索相结合，实现长远、中期、眼前相配合，昨天、今天、未来相衔接。国家治理现代化如何推进？只要有利于解放和发展社会生产力，只要有利于推动经济社会持续健康发展，只要有利于实现好、维护好、发展好最广大人民根本利益，只要有利于巩固党的执政基础和执政地位，就要大胆试、大胆闯，就要坚决破、坚决改。既然选择了远方，必将风雨兼程，以"黄沙百战穿金甲，不破楼兰终不还"的破釜沉舟劲头应对中国未来的大变局，明知山有虎、偏向虎山行，积极寻找克服困难的良策。因为实践发展永无止境，解放思想永无止境，改革开放也永无止境，国家治理现代化没有终点。40年的艰辛探索，70年来一代代人激情燃烧的接力长征，见证着改革的奇迹，书写着开放的豪情，汇聚着前行的力量，厚植着国富民强的梦想。共和国翻天覆地的沧桑巨变来自改革，从"一穷二白"跃升为世界第二大经济体，从胆怯、落后、不自信到阔步走进世界舞台的中央，唯有奋斗不止步，改革不停步，治理创新不怠步，中华民族伟大复兴的脚步才能自信地迈出去。

1. 高屋建瓴的顶层科学设计框架

在五千多年文明发展进程中，尤其是近代以来，中华民族遭受了沉重苦难、付出了巨大牺牲，走过"雄关漫道真如铁"的悲壮时代。中国人民从不屈服，从不妥协，深知只有不断奋起抗争，命运才能牢牢掌握在自己手中，只有做国家的主人，才不会遭遇亡国奴的惨烈境遇。在新中国的革命、建设、改革的历史进程中，一代又一代共产党人怀揣马克思主义与共产主义的伟大理想，不懈探索，大胆尝试，锐意改革，顶层推进，突破陈规。就是要破解在一个世界上人口最多的大国怎样治理社会主义的世界社会主义建设难题。特别是改革开放以来，中国实践用铁的事实告诉我们一个结论："改革开放以来我们取得一切成绩和进步的根本原因，归结起来就是开辟了中国特色社会主义道路，形成了中国特色社会主义理论体系。"[①]中国不断探索前行的实践表明，太平盛世不是随便出现的，而是执政者探索到了适合当时国情的最恰当方法。在漫长的历史进程中，勤劳、勇敢、智慧的中国人民在日益觉醒中，找到了走向强大的简单而又明了的法宝：一个社会发展与否，归根到底是要把握住当时社会的主要矛盾。毛泽东同志曾指出："研究任何过程，如果是存在着两个以上矛盾的复杂过程的话，就要用全力找出它的主要矛盾。捉住了这个主要矛盾，一切问题就迎刃而解了。"[②]习近平同志指出，抓住重点带动面上工作，推动事物发展不断从不平衡到平衡，是唯物辩证法的要求，也是我们党在革命、建设、改革历史进程中一贯倡导和坚持的重要方法论。在伟大实践和伟大探索的进程中，中国共产党坚信，建设伟大强国进程中能不能迈上新高度，取决于对社会主要矛盾的认识和改革。

第一，改革开放是党在新的历史条件下对中国发展问题做出的

---

① 《十七大以来重要文献选编》上，中央文献出版社2009年版，第69页。
② 《毛泽东选集》第1卷，人民出版社1991年版，第322页。

顶层准确研判，是中国在长期闭关锁国中的一次具有民族性立场的伟大觉醒和伟大革命。党和国家领导人，把改革提升到国家、民族的生存发展之道的高度来认识，从历史脉络中确定中国未来的探索镜像，认定改革开放是大势所趋、人心所向，停顿和倒退没有出路。面对这样关键时刻，需要做出"关键的抉择"，体现新时代中国共产党人和中国人民最"最鲜明的特色""最鲜明的品格"。实践也证明，改革开放是当代中国投石问路的良方，是发展进步的活力之源，是我们党领导人民大踏步赶上时代前进步伐的"阿拉丁神灯"，中国取得世界第二大经济实体地位的重要法宝，也是坚持和发展中国特色社会主义的"活力之源"和必由之路。在党的十九大报告中，党中央确立了国家未来顶层战略：从十九大到二十大，是"两个一百年"奋斗目标的历史交汇期。我们既要全面建成小康社会，实现第一个百年奋斗目标，又要乘势而上开启全面建设社会主义现代化国家新征程，向第二个百年奋斗目标进军。

第二，确立习近平总书记在党中央的领导核心。十八大以来，党和国家事业发生历史性变革，得益于以习近平同志为核心的党中央坚强有力的领导。列宁说："政党通常是由最有威信、最有影响、最有经验、被选出来担任重要职务而被称为领袖的人们所组成的比较稳定的集团来主持的。""造就一批有经验、有极高威望的领袖是一件长期艰难的事情。但做不到这一点，无产阶级专政、无产阶级的'意志统一'就只能是一句空话。"习近平总书记以高超的政治智慧、远大的理想信念、超强的历史担当、舍我其谁的使命感、为民奋斗的真挚情怀、知人善用的优良品德、深邃周密的形势把控、力挽狂澜的驾驭力，为人民自愿选择成为党的领导核心、中国航母破浪前行的掌舵人。领导核心的重新确立，是东西南北中协调一致、工农兵学商同心同德、党内上下联动、步调统一的伟大进步，是马克思主义中国化最新成果的形成标志之一。

第三，治国理政的"四梁八柱"的成功搭建。习近平总书记指出，"各领域具有四梁八柱性质的改革主体框架已经基本确立"。如确立党的领导核心，统筹推进"五位一体"总体布局，协调推进"四个全面"战略布局，确立社会主义核心价值观，推行供给侧结构性改革、提出新发展理念，倡议"一带一路"，呼吁人类命运共同体，推进国家治理体系和治理能力现代化，建设美丽中国等。全领域、多要素的制度搭建，具有里程碑意义。政体优化、经济文化、民主法治、生态文明、治党治军、内政外交、"一国两制"、祖国统一等伟大成就，无不体现出里程碑式的马克思主义中国化最新成果的特征。"十三五"期间，要"形成系统完备、科学规范、运行有效的制度体系，使各方面制度更加成熟更加定型"。而随着各种制度的成熟定型，必将在马克思主义中国化道路上引起新飞跃。

第四，治国理政方略为进行伟大斗争、建设伟大工程、推进伟大事业、实现伟大梦想的锚立下了定海神针。党的十九大报告指出："今天，我们比历史上任何时期都更接近，更有信心和能力实现中华民族伟大复兴的目标。"实现伟大梦想必须进行伟大斗争。邓小平说："发展起来以后的问题不比不发展时少。"习近平总书记同样指出："问题也会越来越多，越来越复杂，随时都会出现新问题。"对于来自国内外的多重挑战必须积极应对。资本主义世界不会用欢笑迎接中国特色社会主义的茁壮成长、中华民族的伟大复兴的光明前景、人类文明新形态焕发出来的蓬勃生机和世界社会主义运动的东方华彩。中国霸权论、东方威权论、遏制分化论、西化普世论、自由宪政论等意识形态斗争依然复杂；经济、政治、文化、社会、生态领域的重大风险交替出现；应对重大挑战，抵御重大风险，克服重大阻力，必须"进行具有许多新的历史特点的伟大斗争"。新时期党的建设的伟大工程，必须过考验关、风险关。从塌方式腐败的出现，到要不要反腐败的"掂量"，习近平同志给出这样的答案，不得罪千百个腐败分子，就要得罪13亿人民。拿出刮骨疗毒的勇气"打虎""拍蝇"、猎狐，坚持反腐败无禁区、全覆盖、零容忍。今天，"不敢腐的目标初步实现，不能腐的笼子越扎越牢，不想腐的堤坝正在构筑，反腐败斗争压倒性态势已经形成并巩固发展"。这是党加强自身建设的里程碑式的标志，王岐山同志称之为"校正了党和国家事业前进的航向，使党经历了革命性锻造"。围绕中国特色社会主义主题推进伟大事业，增强四个自信，解决好"旗"和"路"的问题，事关党和国家的生死。

第五，确立国际顶层的新两步走战略。从二〇二〇年到二〇三五年，在全面建成小康社会的基础上，再奋斗十五年，基本实现社会主义现代化。到那时，我国经济实力、科技实力将大幅跃升，跻身创新型国家前列；人民平等参与、平等发展的权利得到充分保障，法治国家、法治政府、法治社会基本建成，各方面制度更加完善，国家治理体系和治理能力现代化基本实现；社会文明程度达到新的高度，国家文化软实力显著增强，中华文化影响更加广泛深入；

人民生活更为宽裕,中等收入群体比例明显提高,城乡区域发展差距和居民生活水平差距显著缩小,基本公共服务均等化基本实现,全体人民共同富裕迈出坚实步伐;现代社会治理格局基本形成,社会充满活力又和谐有序;生态环境根本好转,美丽中国目标基本实现。从二〇三五年到本世纪中叶,在基本实现现代化的基础上,再奋斗十五年,把我国建成富强民主文明和谐美丽的社会主义现代化强国。到那时,我国物质文明、政治文明、精神文明、社会文明、生态文明将全面提升,实现国家治理体系和治理能力现代化,成为综合国力和国际影响力领先的国家,全体人民共同富裕基本实现,我国人民将享有更加幸福安康的生活,中华民族将以更加昂扬的姿态屹立于世界民族之林。

2. 真抓实干振国兴邦的实践路径

中国的伟大改革是真抓实干的进程,实干造就昨日伟业,实干创造今日辉煌,实干建设美好未来,实干见证中国圆梦。中华民族之所以能迎来复兴的朝阳,靠的是一代又一代人的艰辛奋斗和埋头苦干。

第一,"如果不沉下心来抓落实,再好的目标,再好的蓝图,也只是镜中花、水中月。""长征胜利是一步一个脚印走出来的,是一枪一弹打出来的,是流血流汗拼出来的。"实现中华民族伟大复兴,是一项世界性的伟大工程,是需要冒险、流血、流汗长期坚守的伟大事业。亦如习近平总书记强调的那样:"面向未来,全面建成小康社会要靠实干,基本实现现代化要靠实干,实现中华民族伟大复兴要靠实干。"人类社会发展的一切美好成就都是干出来的,中国特色社会主义的伟大业绩是一辈接着一辈干出来的,社会主义的宏伟大厦是一砖一瓦累积起来的,中国革命的成功是一枪一炮打出来的。空谈误国,实干兴邦。这句话看似简单,却是中国人用血的教训领悟出来的。从梦想家着手,从实干家见证梦想,胸怀远大理想,需要靠脚踏实地的实干来兑现理想,让理想照进现实的力量除了实干没有别的选择。居一家则把家里的事情干扎实,居一组织则把组织的事情干出成效,居一党则把党的事业基础打牢,居一国则把民族复兴的宏伟蓝图变成现实。习近平同志告诫我们,如果只是纸上谈兵而不真抓实干,再宏伟的蓝图都会落空,再美好的梦想也不可能成真。要在全社会大力弘扬真抓实干、埋头苦干的良好风尚,特别是各级领导干部要带头发扬实干精神,出实策、鼓实劲、办实事,不图虚名,不务虚功,以身作则带领群众把各项工作落到实处。

古人云:"道虽迩,不行不至;事虽小,不为不成。"经典作家指出:"一步实际运动比一打纲领更重要。"只有干在实处,才能走在前列。总书记指出,劳动是财富的源泉,也是幸福的源泉。人世间的美好梦想,只有通过诚实劳动才能实现;发展中的各种难题,只有通过诚实劳动才能破解;生命里的一切辉煌,只有通过诚实劳动才能铸就。劳动创造了中华民族,造就了中华民族的辉煌历史,也必将创造出中华民族的光明未来。实干既是一种昂扬的精神状态,更是一种自我激励的务实目标要求。习近平在《摆脱贫困》中指出,领导干部不能仅仅"长太息以掩涕兮,哀民生之多艰",关键在于出主意,想办法,见行动。中国梦的实现,更是需要全民参与,持久发力,把个人的奋斗融入国家的伟大实践,积攒全民之力,大干一场。践行好干在实处,才能赶超中等水平的国家,乃至跨入发达国家水平。马克思主义历来主张实践的重要性,"不干半点马克思主义也没有"。改革利国,实干兴邦,贵在坚持,狠抓落实。要按照人民的意愿去改革,为民办实事,从想办到能办再到办成,可不是说说就能变成现实的过程。一个好干部要想干事,能干事,会干事,干好事,干成事,不坏事,多干事。"承诺的事坚决办,紧急的事加快办,今天的事今天办,棘手的事耐心办,群众和企事业单位不方便的事上门办。"十八大之后,习近平总书记指出:"全面建成小康社会要靠实干,基本实现现代化要靠实干,实现中华民族伟大复兴要靠实干。"① 要有"逢山开路、遇河架桥"的精神,锐意进取;要以"踏石留印、抓铁有痕"的劲头抓下去,善始善终,善做善成。要"干在实处"必须狠抓落实,"抓而不紧,等于不抓,抓而不实,等于白抓,抓好落实,我们的事业就能充满生机;不抓落实,再好的蓝图也是空中楼阁"(《之江新语》)。习近平总书记指出,能否做到狠抓落实,是否善于狠抓落实,这是衡量领导干部作风、能力、水平的重要标志。中央之所以要成立若干个领导小组,重点是便于统筹落实、快速推进,防止政策在执行过程中因利益固化的滞后和消极应对而贻误最佳时机。

第二,要力争实干、辩证地巧干,在干中改,在改中干。要辩证地理解干在实处与时间的辩证关系,干在实处和"干在难处"的关系,干在实处和"干在巧处"的关系,干在实处与"当前和长

---

① 《习近平总书记系列重要讲话读本》,学习出版社、人民出版社2014年版,第33页。也参见习近平同志《在广东考察工作时的讲话》(2012年12月7日—11日)。

远"的辩证关系，干在实处与"局部和整体"的辩证关系。（1）干在实处与时间的辩证关系告诉我们，一切事情的发展都需要一个过程，要分秒必争地一步一步地展开，要逐一部署一项一项地分解，要一件一件地落实，要一月一月地见端倪，一年一年地见效。总需要遵循马克思主义的辩证法，凡事都有一个量的积累到质的飞跃的过程。也不一定有量的积累就必然有质的飞跃，发展总包含两种可能。要善做善成，就必须掌握时间的主动权，提前谋划、责任到人、分期推进、回顾修正，打好控制时间节点的主动仗。（2）干在实处和"干在难处"的关系。万事开头难，天下大事必做于细，天下难事必做于易，先易后难，由易变难。这既是干事的程序，也是经验积累的过程。习近平同志指出："我们必须根据经济社会发展中的主要矛盾和矛盾的主要方面，分清轻重缓急，突出工作重点，抓住关键环节，明确主攻方向。"当前，好啃的骨头啃完了，就必须啃难啃的骨头，才能把实干向前推进；容易的事情做完了，就必须去做拆藩篱等利益固化的不容易的事情，民族伟大复兴才有可能。"为官避事平生耻"，不能因为难而打退堂鼓，不能因为难而畏首畏尾，停步不前。"难处"就是最需要下大力气去抓的"实处"。新时代总有新难题，新发展总有新困境，老办法不行，新办法没有，就无法推进伟大的事业。作为中国特色社会主义事业的拓荒者，作为伟大社会主义实践的先行者，作为崇尚务实力戒空谈的坚定的马克思主义者，我们必须迎着时代的难题，着手于难处，直面荆棘、拆掉藩篱、踏过坡坎、经历纷争，清扫前进路上的绊脚石。让"难事"变成"易事"，而不是无视小问题，让小问题发酵，变成失控的大问题、大难题。(3)干在实处和"干在巧处"的关系。巧干而不蛮干,想干而不乱干。如何实现"巧",不是指"投机取巧",而是指有技术含量、高效务实,不劳民伤财,不能变成中国实干领袖所担忧的"空前绝后"那种局面:"前任的政绩,后任的包袱。"要想"巧"就必须"当好小学生",迈开步子,走出院子,到田间地头、厂矿企业,就像总书记在浙江工作期间那样,坐车3小时,再步行2小时进入山区调研,带队的地方干部手拿砍刀,做开路先锋,真可谓是"披荆斩棘",调查研究的过程就是科学决策的过程。只有躬身向下,甘做小学生,向群众讨教,汲取智慧,才能做出接地气的正确决策。有了调研的"求深、求实、求细、求准",才能有实干的求"巧"和求"效"。调查要一下到底,亲自摸情况,听取民意,集中民智,聚集民力,"省略不得,马虎不得"。(4)干在实处与"当前和长远"的辩证关系。中央领导指出,抓落实,是把决策变为人们的实践行动,由认识世界到改造世界的过程,无疑需要克服主观和客观上的诸多障碍,需要付出艰辛的努力。这些努力有的是当前能看出来的,有的是需要经过一段时间以后才能看到的,有的甚至是付出了也不一定能看到结果的。这就要正确处理好"干在当下"和"干在长远"的关系问题。要立足现实、着眼长远、打好基础,而不是盲目攀比、竭泽而渔、焚林而猎,偷取多兽,后必无兽。究竟是该着眼当下还是长远,评价标准只有一条:符合国家人民的利益需要,"坚持对上负责与对下负责的统一,忠诚于党和人民的事业,恪尽职守,尽心竭力,讲奉献,有作为"(《之江新语》)。凡是为民造福的事情就一定要办好,凡是损害群众利益的事情就坚决不能办。不贪一时之功,不图一时之名，多干打基础管长远的事，多干事关百姓切身利益的事。"政声人去后，民意闲谈中"，不兴伪事兴务实，新官上任要善于"瞻前"，注意"顾后"。要拎着"乌纱帽"为民干事，而不能捂着"乌纱帽"为己做"官"，倡导"接力赛"意识，指出现代化建设好比马拉松接力赛，需要领导干部一任接一任地带领群众跑下去，而每一任领导干部接过的只不过是漫长的接力赛中的短暂一棒而已。培养"接力意识"，既不搞"一个师公一道法"，也不刻意搞"新官上任三把火"；对于前任留下的工作，符合实际情况的多多"添柴"而不胡乱"起灶"，不求个人"风光"而是一以贯之地干下去。还要注意"顾后"，努力培养长远眼光和全局思维，为后任多打些基础，为后代多留些财富，真正做到"为官一任，造福一方"。(5)干在实处与"局部和整体"的辩证关系。中国改革的实践者始终主张，要善于处一域而谋全局。着眼长远利益本身就是全局意识的体现。不谋全局者不足以谋一隅，不谋万世者不足以谋一时。立足一域谋全局，把握形势谋大事，不管是县域领导、省域领导还是中央领导，都必须有实干的战略视野，不能局限于自己的"一亩三分地"。要始终把全局作为观察和处理问题的出发点和落脚点，把本地区、本部门的利益放到国际国内大背景和全党全国全省的工作大局中去思考，去研究，去把握，这样的大局意识是小局意识的定星盘，这样的大背景是局部利益诉求的政策抓手。仅有自己的"领地意识"，没有全局的参与意识，也经营不好局部的"领地"。

第三，樱桃好吃树难栽，不下苦功花不开，用钉钉子精神为改革破局。只有发扬钉钉子精神才能不务虚名，事半功倍，多出实效，远离草率、浮夸、蛮干,坚决不做拜金者、务虚者、犹豫者、观望者、懈怠者、软弱者。实践证明,一旦在干部中拜金主义、享乐主义和极端个人主义盛行,虚功就会增多,形式主义就会抬头。无视百姓疾苦,老爷心态日盛一日,与百姓的心理距离变远。工作虚化的表现就像在墙上敲钉子:"钉不到点上,钉子就要打歪;钉到了点上,只钉一两下,钉子就会掉下来;钉了三四下,过不久钉子仍会松动。"(《之江新语》)实实在在的功绩,必须是经得起实践、人民、历史检验的实绩,蛮干、胡干、瞎干,虽然也是干,但会适得其反。不动摇、不懈怠、不折腾是基本立场,不能随便抓一下,胡乱敲一敲,浅尝辄止、朝三暮四、虎头蛇尾。"牡丹花好空入目,枣花虽小结实成",成果小不怕,就怕弄出些虚假的成果,劳民伤财不说,往往会坏了风气,拉了倒车。虚功很好的干部,有时候也能暂时赢得民心,但不能长久,群众的眼睛是雪亮的,乐民之乐者,民亦乐其中;忧民之忧者,民亦忧其忧。中央一直强调,评价一个干部,重要的不是看他说什么,而是看他做什么,看他做得怎么样。只有带着打不垮压不倒的韧劲,怀着踏石留痕的决心,一步一个脚印,步步为营,有板有眼,才能见实绩,出成效。攻克"拦路虎"和"绊脚石",非拿出滚石上山、闯关夺隘的精神不可;爬坡过坎,唯有敢啃硬骨头、打攻坚战劲头不可;拆藩篱、防利益固化、涉险滩,不拿出逆水行舟、逢山凿隧、遇河架桥的精神则不能成事;面对体制机制的障碍,不冲破思想的牢笼和观念的束缚,就无法从根本上解决问题。凡此种种的"考验""危险",唯有迎着问题大胆稳妥积极迎战,持之以恒地实干,艰苦卓绝地奋进才能用改革的利刃斩除顽瘴痼疾，破冰领航。

3. 鼓励基层"摸着石头过河"，大胆实践小心求证

第一，前无古人的伟大事业只能摸着石头过河。当今世界发达国家人口总量也不到10亿，而我们则是带着13亿多人的天文级别的数字奋勇前进，这份业绩有哪种社会制度能创造出来，除中国外目前还无出其右者。没有哪一个国家能为有13亿多人的国家提供发展模式和发展样本。中国的实践注定是伟大的，更注定是孤独的，不仅仅因为事关13亿多人的幸福与美好未来，更为重要的是我们还承载着社会主义的伟大实践，肩负着历史规律与历史必然性预设的巨业。而这个事关13亿多人的生存与发展的大问题，事关人民福祉、国家富强的大问题，如果解决不好，结果可想而知。中国共产党执政以来，在治理道路上不断探索，有过曲折，也积累了宝贵经验，为世界社会主义建设和发展，为世界社会主义国家走向现代化，为世界社会主义事业积攒了财富和累累硕果。习近平总书记更是创造性地提出了国家治理体系和治理能力现代化的重大论断，这是马克思主义的最新成果，也是13亿多中国人民何去何从的响亮的时代强音。

第二，伟大实践与探索必须与时俱进，与时偕行。改革与发展是一个不断变化的进程，客观条件和环境不会一成不变，改革和发展理念自然也与时偕行，探索的方式和方法也要与时代合拍。改革总是瞄准问题而来，要敢于摸着石头过河，也必须摸着石头过河。正如习近平总书记指出的："不发展有不发展的问题，发展起来有发展起来的问题，而发展起来后出现的问题并不比发展起来前少，甚

至更多更复杂了。新形势下,如果利益关系协调不好,各种矛盾处理不好,就会导致问题激化,严重的就会影响发展进程。"中国能否在世界形势深刻变化的历史进程中始终走在时代前列,能否一骑红尘杀出帝国主义的包围,能否应对国内外各种风险和考验,中国共产党能否在新的历史进程中始终成为全国人民的主心骨,能否在发展中国特色社会主义的历史进程中始终成为坚强的领导核心,能否领导人民在推进改革开放和社会主义现代化建设的进程中继续开拓,能否不断开创中国特色社会主义事业新局面,所有这些问题,都需要用改革的手段和成果来回答。

第三,摸着石头过河就是摸规律,从实践中获得真知。正如习近平同志指出的,摸着石头过河,是富有中国特色、符合中国国情的改革方法。摸着石头过河和加强顶层设计是辩证统一的,推进局部的阶段性改革开放要在加强顶层设计的前提下进行,加强顶层设计要在推进局部的阶段性改革开放的基础上来谋划。要加强宏观思考和顶层设计,更加注重改革的系统性、整体性、协同性,同时也要继续鼓励大胆试验、大胆突破,不断把改革开放引向深入。改革开放是前无古人的崭新事业,必须坚持正确的方法论,在不断实践探索中推进。在人类历史的发展进程中,从来没有过这样的先例,在一个13亿多人口的国家搞建设,能连续取得40年中高速增长的发展势头。为什么中国能创造这样的辉煌?经过90多年的探索而获得的弥足珍贵的结论:我们选择了中国特色的社会主义发展道路,不管反对中国共产党执政的理由有多少,他们永远无法回答中国共产党领导的中国人民所创造的新中国的宏伟业绩;无论世界政治文明发展中有多少种政治制度，人民代表大会制度无可争议地被证明了是最适合中国的政治制度，是人类政治文明发展的新阶段，是政治自我优化和自由变革的必然选择；无论当今世界有多少理论，中国共产党人在面对理论的时候，既懂得兼容并蓄，更懂得理论自觉和理论自信。人类文明的一切优秀成果我们都乐于继承，中国共产党人懂得用马克思主义辩证法去甄别、鉴定、学习、内化、提升，并为我所用。今天，作为世界第二大经济实体，国家初步实现繁荣、富强，人民更加幸福，大国治理更加制度化、体系化、定型化。这些成就的取得关键在于我们走对了路、扛对了旗，国家有好的去处、好的制度和好的理论。

第四，顶层设计是从不断地反复地"摸着石头过河"试验中积累产生的，是广大人民在火热实践中反复试验的结果。今天，中央提出的国家治理体系和治理能力现代化也必然是在反复的试验、总结、纠偏中成熟和定型的。从发展的角度来看，有这样三句话讲得很好，"不如马克思，不是马克思主义者；等于马克思，也不是马克思主义者；只有超过了马克思，才是马克思主义者"。习近平总书记指出，怎样治理社会主义社会这样全新的社会，在以往的世界社会主义中没有解决得很好。马克思、恩格斯没有遇到全面治理一个社会主义国家的实践，他们关于未来社会的原理很多是预测性的；列宁在俄国十月革命后不久就过世了，没来得及深入探索这个问题；苏联在这个问题上进行了探索，取得了一些实践经验，但也犯下了严重错误，没有解决这个问题。今天，面对13亿多人的幸福梦想，党中央高瞻远瞩提出了全面深化改革的顶层设计和总体规划，明确提出改革总体方案、路线图、时间表。要坚持有效的改革路径，尊重人民首创精神，尊重实践、尊重创造，坚持全局和局部相配套、治本和治标相结合、渐进和突破相促进，鼓励大胆探索、勇于开拓，允许摸着石头过河。改革开放的成功实践为全面深化改革提供了重要经验，必须长期坚持。最重要的是，坚持党的领导，贯彻党的基本路线，不走封闭僵化的老路，不走改旗易帜的邪路，坚定走中国特色社会主义道路，始终确保改革的正确方向；坚持解放思想、实事求是、与时俱进、求真务实，一切从实际出发，总结国内成功做法，借鉴国外有益经验，勇于推进理论和实践创新；坚持以人为本，尊重人民主体地位，发挥群众首创精神，紧紧依靠人民推动改革，促进人的全面发展；坚持正确处理改革发展稳定关系，胆子要大、步子要稳，加强顶层设计和摸着石头过河相结合，整体推进和重点突破相促进，提高改革决策科学性，广泛凝聚共识，形成改革合力。

三、中国、邻国、世界相守望

中国是属于世界的中国，世界是需要中国参与的世界。睦邻友好、合作共赢、和平发展是中国与邻国、世界相守望的基本治理原则。

1. 新时代新维度：中国走向世界

第一，改革开放的进程，就是中国敞开怀抱拥抱世界的进程。闭关锁国、夜郎自大的中国曾经因为自己的无知和保守付出过惨重代价。世界的历史，就是无数个民族国家相互交融、相互影响、相互渗透的历史，渴望发展的中国正在自信而豪迈地走向世界。全球化和一体化是不可阻挡的人类进程。很多历史的刻度记载着人类社会全球化的进程：1405年始，明朝四品大员郑和受命七下西洋，远交东南亚和东非，从水路开始走向世界；1492年西方航海家哥伦布发现美洲新大陆，并顺利返航，从而证明地球是圆的；2006年美国《纽约时报》专栏作家托马斯·弗里德曼在《世界是平的》一书中提出世界扁平化概念，再到今天地球"村落化"的巨变。与郑和和哥伦布时代相比，世界已经发生了许多显著的变化，科技、政治和经济革命正在消除各种壁垒，让世界变得更加平坦和相融相通。鼠标一点，连通世界，跨国公司、源代码开发、业务外包、离岸生产、全球旅游、物联网技术、即时通信技术正在实现世界的人与人、人与物的深度融合。被压缩的世界、被铲平的全球使得每一个国家都不能独处于世界体系中，加快融入世界的步伐是各国政要精英的一致共识。

第二，中国走向世界的承诺：改革开放大门永远敞开。当美国第45任总统特朗普在就职典礼中大谈美国优先战略，并倡导购买美国的产品，雇佣美国人时，中国国家领导人正在达沃斯呼吁降低贸易壁垒，开放更广阔的国际市场，反对贸易保护主义。2016年中国海关总署发布的数据显示，中国货物贸易进出口总值24.33万亿元人民币，同比下降0.9%。其中，出口13.84万亿元人民币，同比下降2%；进口10.49万亿元人民币，同比增长0.6%。出口下降2个点，而进口却在增长，这是中国加入国际化步履最好的例证。今天，国际社会必须谨防民粹主义兴起，种族主义抬头，在经济发展困境面前，发达国家把世界经济拖入寒冬，甚至动用扩张霸权挑起战争，制造地区紧张，在别国门口部署战略导弹。伴随着英国脱欧、美国选举政治的危机，西方现代化道路弊端丛生。而作为世界经济的重要引擎，贸易和投资正面临"国家优先""拉起吊桥"和"关闭大门"的风险。凡此种种，习近平总书记不无忧虑地指出，如果重回以邻为壑的老路，不仅无法摆脱自身危机和衰退，而且会收窄世界经济共同空间。在共同空间中，开放的各国"以所有易所无""以所多易所鲜""以所工易所拙"是最经济的行为。今天之世界必然是"一荣俱荣，一损俱损"，没有哪一个国家可以独善其身，开放、借势、接力、协调合作是必然选择。建设开放型、联动型世界经济，才能凝聚应对不确定风险的互动合力。这种联动，是政策规则的联动，是基础设施的联动，是利益共赢的联动。开放才能共知，共建才能共享，惠人才能惠己。

第三，中国正积极致力于推动国际秩序和公正的全球治理体系建设。中国作为一个负责任大国，在更广领域、更深层次、更高水平、更多层面参与全球经济治理的同时，积极致力于为全球经济治理贡献中国理念和中国智慧。中国愿意同世界各国人民一道，推动国际秩序和全球治理体系朝着更加公正、合理方向发展。一个崭新的时代，倒逼着全球治理的升级，在2016年新年贺词中，习近平主席说："世界那么大，问题那么多，国际社会期待听到中国声音，看到中国方案，中国不能缺席。""中国是现行国际体系的参与者、建设者、贡献者"，中国方案、中国主张，正在为完善国际秩序注入力量。"什么样的国际秩序和全球治理体系对世界好，对世界各国人民好，要由各国人民商量，不能由一家说了算，不能由少数人说了算。"以新秩序补救旧秩序，以公正代替狭隘，以团结战胜分歧，以共赢取代私利是走向美好未来的唯一选择。习近平主席提出了以平等为基础、以开放为导向、以合作为动力、以共享为目标的全球经济治理观，并提出了共同完善全球经济治理的重要理念：共同构建公正高效的全球金融治理格局，维护世界经济稳定大局；共同构建开放透明的全球贸易和投资治理格局，巩固多边贸易体制，释放全球经贸投资合作潜力；共同构建绿色低碳的全球能源治理格局，推动全球绿色发展合作；共同构建包容联动的全球发展治理格局，以落实联合国2030年可持续发展议程为目标，共同增进全人类福祉。中国方案不是要推倒重来、另起炉灶，而是创新完善，是继续提升新兴市场国家和发展中国家代表性和发言权，推动建立国际经济金融领域、新兴领域、周边区域经济合作等方面的新机制新规则，"要合作而不要对抗""要双赢、多赢、共赢而不要单赢""寻求最大公约数、扩大合作面，引导各方形成共识，加强协调合作，共同推动全球治理体系变革"，目标在于推动构建创新、活力、联动、包容的世界经济。

第四，"一带一路"建设是中国融入世界并向世界提供中国方案的伟大创举。在全球化道路上，搁置争议，围绕各国主要矛盾，推进包容性发展，努力为各国特别是发展中国家人民共享发展成果创造条件和机会，是"一带一路"倡议的初衷，它倡导以共商、共建、共享为原则，以开放包容为特征，以互利共赢为追求。这个联动欧亚带状合作区域凝聚了沿线国家渴望发展的梦想，契合了沿线国家经济腾飞的迫切意愿，作为携手世界经济走出阴霾的中国方案，展现了中国推动合作共赢的最大诚意。正如习近平总书记所说:"以'一带一路'建设为契机,开展跨国互联互通,提高贸易和投资合作水平,推动国际产能和装备制造合作,本质上是通过提高有效供给来催生新的需求,实现世界经济再平衡。""特别是在当前世界经济持续低迷的情况下,如果能够使顺周期下形成的巨大产能和建设能力走出去,支持沿线国家推进工业化、现代化和提高基础设施水平的迫切需要,有利于稳定当前世界经济形势。"各国只有多拆墙、少筑墙才能互联互通,只有打通生产要素全球流通梗阻,才能推动均衡、包容和普惠的战略实现。国外媒体称"一带一路"是"黯淡天际的一缕阳光",是世界经济复苏的强心剂、沿线国家的协奏曲。作为各国发展与利益的最大公约数,"一带一路"是"百花齐放的大利,不是一枝独秀的小利""不是某一方的私家小路,而是大家携手前进的阳光大道"。它是中国带给各国持续发展的一把金钥匙,东方给予世界的新崛起之路,它彰显了中国追求合作共赢的坚定抉择,它不仅造福中国人民,更造福沿线各国人民。习近平主席一再强调:"欢迎大家搭乘中国发展的列车,搭快车也好,搭便车也好,我们都欢迎。"

2. 新时代新风向:世界拥抱中国

世界对中国的认知远不及中国对世界的认知,走向世界的中国,也需要世界走进我们。中国改革开放的进程,既是融入世界的进程,也是打开大门、扫好屋子迎请国际友人走进、聆听、了解真实中国的进程。习近平总书记强调:"中国和世界的关系正在发生历史性变化,中国需要更好了解世界,世界需要更好了解中国。"

第一，被误读的中国需要在世界走向中国、推进世界中国化进程中加以矫正。中国解决了世界1/5人口的小康问题，这是中国对人类社会所做出的重大贡献；人均国民总收入从190美元连续翻番达到约8000美元，一个13亿多人口的翻天覆地的变化，是人类历史上不曾有过的壮丽征程；作为最大的发展中国家在短短三十多年里创造经济总量位列世界第二的业绩，这是世界发展史上的奇迹；2020年全面建成小康社会的实现，又将创造使7亿多贫困人口摆脱贫困的伟大成就。以更快速度和更高质量发展起来，以更优的效率和更广泛的幸福让人民共享发展成果，是中国特色社会主义的巨大优势。民生福祉的创造、全球减贫的成就真正体现了"人类历史上前所未有的伟大成就"。中国保持经济中高速增长不仅是自身需要，更会惠及世界各国人民。在国家富强、民族振兴、人民幸福的康庄大道上，仅仅用三十多年的时间就走完了发达国家几百年走过的发展历程。这是中国共产党对世界的贡献，是中国特色社会主义对世界的贡献，充分展示了中国作为社会主义国家和负责任大国的包容胸怀与历史担当。这些成绩还有待国际社会走进中国来体认，深入中国来理解，融入中国来点赞。中国特色社会主义的生动实践证明，人类美好未来的画卷正在渐次展开，人类历史并未终结，人类历史远不会停留在西方世界的理念中。国际社会必须走进中国才能认知到社会主义具有强大生命力、影响力、感召力，中国特色社会主义是符合马克思主义、符合历史进程和规律的伟大实践，是社会发展进步的重要动力源泉，是补救西方制度的残缺和克服其根本矛盾的重要手段。

第三章
中国治理体系的搭建

第二，妖魔化中国的论调需要在世界中国化过程中用生动鲜活的伟大实践去驳斥。世界不应该是一个颜色，正如肤色有差别一样，西方社会在国家治理方面做出了很多积极的探索，但不等于西方的就是世界的，就是适合于一切国家和地区的。世界的美好在于丰富和多彩，世界上不能只有一种文明、一种发展模式、一种价值观念、一种制度样态、一种民主范式。遗憾的是，世界依旧陶醉于西方国家单方面建构的不公正、不合理的国际政治经济秩序和"西方中心论"等话语霸权的氛围中。在经济全球化进程中，作为后发展国家，缺少谈判优势，被迫裹挟在西方制度和话语权威体系中，依附于西方资本主义发展模式，成为实现西方世界利益的价值链条上薄弱、被动甚至常常遭遇利益侵占的一环。更严重的是，肆意排斥不同于西方的价值观、发展模式和治理道路，恶意攻击新兴经济体和发展中国家，有人甚至将西方自由民主制度和现代化发展道路预言为"人类意识形态发展的终点"和"人类最后一种统治形式""人类探索到的最完美的形式"。用意识形态的枷锁约束不同于西方道路的国家，设置障碍、施加压力、制造麻烦来遏制中国，美国学者亨廷顿直截了当地指出："普世文明的概念有助于为西方对其他社会的文化统治和那些社会模仿西方的实践和体制的需要做辩护。普世主义是西方对付非西方社会的意识形态。"在思想舆论上，对中国进行渗透和围攻，通过网络、收买持有异论者、资金资助、论坛邀请等各种途径和手段混淆视听、扰乱人心；在中国发展遇到的雾霾、房价、创新等问题上，夸大难度，倡导"中关村的咖啡凉了"、中产阶级破产了等消极论调；散布"中国威胁论""中国经济崩溃论""搭便车论""衰败论";带着"价值观输出"而来的资本试图操控媒体舆论,散布"中国悬崖论",诋毁北京正站在悬崖边上;对于钓鱼岛问题、南海局势等,他们频频插手,树欲静而风不止,唯恐天下不乱;在帮助非洲兄弟国家发展中,甚至"一带一路"建设也被他们贬为"新殖民主义""资源掠夺论""危机转嫁""新马歇尔计划"。

第三,世界需要中国化,需要深入中国,了解中国的发展模式、道路选择、伟大成绩,以更加开放宽容的心态对待中国和中国的发展。当前,西方经济呈现低迷态势,欧美发展中困境不断,中东乱象不断加剧,颜色革命致使一些国家陷入混乱。纵观世界风云,中国风景独好的局面正在深刻影响国际与国内公众思想认识,中西发展的强烈对比,也加深了国内外对中国共产党的认同感。这无疑是我们做好意识形态工作的重要窗口期。在与各种错误思潮的斗争中,我们逐渐取得了主导权、主动权,控制了主流话语权,纷争在减少,混乱在走向有序,主动态势局面已经形成,两个舆论场域也正在相互通约。争取在世界亲近中国走向中国的过程中,实现中国声音、中国主张、中国气派、中国风格,形成"有理说得出,说了传得开,传开叫得响"的新局面。国际社会不愿意亲近了解中国,中国应该主动努力创造机会和平台,过滤在国际交往中存在针对中国的信息"脏水"、有颜色的"污水",净化西方对中国主观印象的"浑水",展示中国真实形象,努力推进"软实力"真正配得上硬实力的建设工作。

第四,世界应该从共同体高度拥抱中国,共建命运共同体。中国主张:"中国的安定,离不开世界的稳定;世界的繁荣,离不开中国的发展。""文明因交流而多彩，因互鉴而丰富"，中国作为世界文明的重要组成部分，"中国的发展得益于国际社会，也愿为国际社会提供更多公共产品"。在发展问题上同世界休戚与共，在经济全球化所带来的机遇与挑战面前，单纯依据狭隘的民族国家利益已经不能立足，国家间关系必须放到全球观和世界眼光的高度来审视，宇宙只有一个地球，人类共有一个家园。加强全球治理，打造人类命运共同体，是全球美好未来的必然选择。《淮南子·主术训》告诫我们："故积力之所举，则无不胜也；众智之所为，则无不成也。"世界需要和平、持久的合力，而不是离心离德的孤立。中国道路、中国实践提供了人类实现和平发展的新模式，我们践行不争霸、不称霸、不结盟、不扩张、不谋求势力范围的庄严承诺，倡导构建以合作共赢为核心的新型国际关系，积极参与全球治理体系建设，维护和平稳定的国际环境；尊重其他国家自主选择的发展模式，与其他发展中国家分享改革发展的成功经验，促进各国普遍发展繁荣。总书记向世界喊话："各国经济，相通则共进，相闭则各退。"只有"不为风雨所动，不为杂音所扰，不为困难所阻"，国家间不断强化合作关系，才能实现更大发展。今日之世界是"你中有我，我中有你"，保护主义政策如饮鸩止渴，看似短期内能缓解一国内部压力，但从长期看将给自身和世界经济造成难以弥补的伤害。总书记深刻指出，"为了和平，我们要牢固树立人类命运共同体意识。偏见和歧视、仇恨和战争，只会带来灾难和痛苦。相互尊重、平等相处、和平发展、共同繁荣，才是人间正道"。

第五，国强必霸是错误而陈旧的逻辑，穷兵黩武的道路走不通。

我们的民族文化教育我们：兼爱非攻、亲仁善邻、以和为贵。中华民族饱经沧桑的历史发展进程更是塑造了我们崇尚和平、和谐的美好世界的精神追求，主张各个国家之间应该"各美其美、美人之美、美美与共"。中国梦与"世界各国人民的美好梦想是相通的"。中国国家主席主张：和衷共济、和合共生是中华民族的历史基因，也是东方文明的精髓。中国坚定不移走和平发展道路。太平洋容得下两个超级大国，世界那么大，空间那么多，中国作为新近发展起来的大国与守成的美国之间有共同利益关切。中国主张并积极践行和谐世界、永不称霸与和平共处五项原则，意味着中国将主动终止大国之间的对抗而跨越修昔底德陷阱，为世界和平做出贡献。古人云："天下兼相爱则治，交相恶则乱。"国与国之间，和平共处则能久远，相互为敌则战乱不断。中国历来主张和平发展，不干涉别国内政，尊重各国主权。中国发展之路，即便遭受了很多侵略和欺凌，我们依旧选择以史为鉴，面向未来的发展视野和各国和平相处。西方学者肖恩·布雷斯林在《"中国模式"与全球危机：从弗里德里希·李斯特到中国治理模式》一文中指出："西方的世界秩序建立在狭隘的欧洲历史上：西方不仅试图自封为全球治理的核心，而且试图把这强加给其他国家。西方甚至准备使用强制并最终使用武力来这样做，按照自己的喜好来解决问题，维护和加强在全球体系中的不公平和不对称的权力。"中国仅仅是在公正的范围内争取一点作为发展中国家的基本权益。中华民族的血液中没有侵略他人、称霸世界的基因，中国人民愿意同世界各国人民和睦相处、和谐发展，共谋和平、共护和平、共享和平。中国世界化和世界中国化是一个辩证的过程，必须保持清醒的研判，体现中国应有的自信、风格、气派，敢于唱响民族复兴的号角，勇敢地走自己的路，在世界化进程中谱写中国改革的光辉篇章，未来的世界必将是中国的大发展的时代，是不同文明交融互鉴的时代。

四、管理、治理、服务相支撑

习近平总书记指出："治理和管理一字之差，体现的是系统治理、依法治理、源头治理、综合施策。"十八届三中全会提到国家治理体系现代化，是一个重大的理念创新。从管理向治理的转变，是系统观的提升结果。从管理、统治到治理，是一种认识的升华，是治理主体多元化的当代诉求，更是人类政治发展亘古恒新的主题。随着中国的改革进入深水区，改革的复杂程度、敏感程度、艰巨程度不容忽视，国家治理体系与治理能力建设也必然要涉险滩，啃硬骨头，破瓶颈，拆藩篱。党的十七大报告提出："要坚持党总揽全局、协调各方的领导核心作用，提高党科学执政、民主执政、依法执政水平，保证党领导人民有效治理国家。"党的十八大报告多处采用"治理"的概念，并且在治理国家的意义上进一步提出，"坚持依法治国这个党领导人民治理国家的基本方略""要更加注重改进党的领导方式和执政方式，保证党领导人民有效治理国家""更加注重发挥法治在国家治理和社会管理中的重要作用"等重大论断。在十九大报告中，"八个明确"之一就是"明确全面深化改革总目标是完善和发展中国特色社会主义制度、推进国家治理体系和治理能力现代化。"①推进国家治理能力建设，前提是必须"坚持和完善中国特色社会主义制度"，在此基础上，不断推进国家治理体系和治理能力现代化，"坚决破除一切不合时宜的思想观念和体制机制弊端，突破利益固化的藩篱，吸收人类文明有益成果，构建系统完备、科学规范、运行有效的制度体系，充分发挥我国社会主义制度优越性。"②从十八大到十九大，这是中国综合发展奇迹最为凸显的5年，这5年中，中国特色社会主义制度更加完善，社会治理体系更加完善，生态环境治理明显加强，人民军队政治生态得到有效治理，社会大局保持稳定，国家安全全面加强，环境状况得到改善，国家治理体系和治理能力现代化水平明显提高，全社会发展活力和创新活力明显增强，"人类命运共同体"的中国倡导，越发获得国际社会的普遍认可，全球治理体系变革明显加快。同时，中国共产党人也清楚地看到，随着我国社会矛盾和问题交织叠加，各种可预见与不可预见的风险加大，平安中国建设、社会治理创新、国家长治久安、全面依法治国建设任务依然繁重，统筹山水林田湖草系统治理，不仅需要全社会观念的革新，更需要以实际行动和最严格的生态环境保护制度，水陆结合，"山水林田湖草"共治，实施流域环境和近岸海域综合治理，推进荒漠化、石漠化、水土流失综合治理，为美丽中国建设护航；推动社会治理重心向基层下移，健全和完善和乡村治理体系，借助于自治、法治和德治等多元合力，做好农村基层基础工作；

---

① 习近平：《决胜全面建成小康社会 夺取新时代中国特色社会主义伟大胜利——在中国共产党第十九次全国代表大会上的报告》，人民出版社2017年版，第19页。
② 习近平：《决胜全面建成小康社会 夺取新时代中国特色社会主义伟大胜利——在中国共产党第十九次全国代表大会上的报告》，人民出版社2017年版，第21页。

维护56个民族大家庭的和谐稳定，实现"石榴籽那样抱团"的民族团结，形成有效的社会治理、良好的社会秩序，打造共建共治共享的社会治理格局；强化网络综合治理，净化网络空间。总之，确保人民安居乐业，充实丰富人民获得感、幸福感与安全感，需要更可持续国家治理体系和治理能力的不断提升，需要管理能力与服务能力的综合提升。对内对外一盘棋，对外还要承担起大国的责任，积极参与全球环境治理与全球治理体系改革和建设。如此，才能按计划把两个阶段的蓝图变成现实成就：第一个阶段，从二〇二〇年到二〇三五年，"国家治理体系和治理能力现代化基本实现"；[①] 第二个阶段，从二〇三五年到本世纪中叶，"实现国家治理体系和治理能力现代化"[②]。这一系列的治理构想与阶段性治理成就，是新时期中国共产党人全面深化改革的顶层目标设计。"各种社会制度和政治制度本身并不是目的。它们是社会生活的器官，是好是坏，要根据它们所蕴含的精神来判定。"[③] 中国共产党所追求的精神意蕴就是要实现中国的富强、民主、文明与和谐；就是要兑现民族独立、国家富强与人民幸福的庄严承诺。"一种行为，如果能促进受这种行为影响的人们的最大可能多数人的最大可能的幸福，就是善的。"[④] 中国的国家治理体系和治理能力现代化，就是一个面向未来，对人民负责，对世界负责的善治追求，并且因我们这种制度自身的优良基因，决定在善

---

① 习近平：《决胜全面建成小康社会 夺取新时代中国特色社会主义伟大胜利——在中国共产党第十九次全国代表大会上的报告》，人民出版社2017年版，第28页。
② 习近平：《决胜全面建成小康社会 夺取新时代中国特色社会主义伟大胜利——在中国共产党第十九次全国代表大会上的报告》，人民出版社2017年版，第29页。
③ [英]伦纳德·霍布豪斯：《社会正义要素》，孔兆政译，吉林人民出版社2011年版，第1页。
④ [英]伦纳德·霍布豪斯：《社会正义要素》，孔兆政译，吉林人民出版社2011年版，第2页。

治的道路上我们一定会创造新的世界发展奇迹和人类发展的美好治理新图景。

1. 没有管理功能治理就无从谈起

"治理的本质是统治，它有不同的类型，反映的是不同的时代诉求，我们要寻找的现代治理模式应该是源于过去，但高于过去的模式，即有现代的人文精神（人本主义）、现代的民主精神（公民参与）、现代的管理工具（现代行政官僚和信息技术）、现代的道德准则和现代的高度运行效率。"① 执政规律体现治理规律，治理身份必须是管理者身份，管好自己才能管理别人。从严治党就是要提升党作为管理者的素养，克服"四种风险"，应对"四种挑战"，提高拒腐防变能力，永葆青春本色。执政规律是要研究执政与相关要素之间的内在关系，特别是要清楚理解决定能否执政的关键要素对于执政的制约效应，对确保长期执政的积极变量的科学把控，从而形成规律性概括并指导实践。"政党执政的规律，就是政党在控制和行使政治权力过程中必须遵循的、反映政党政治本质和必然性的法则和客观要求。"② 这些法则和客观要求具体体现在政党的自律性、人民性、利他性、先进性、合法性的内在特征。"共产党的执政规律是指运用民主和法制的原则整合、表达人民的意志和利益，来实现整个国家和社会的进步。就其外延来说，体现在执政理念、执政宗旨、执政基础、执政能力、执政方式、执政机制、活动方式和执政措施方法

---

① 蓝志勇、魏明：《现代国家治理体系：顶层设计、实践经验与复杂性》，《公共管理学报》2014年第1期。
② 王金水、徐民华：《中国共产党对于执政规律的探索》，《当代世界与社会主义》2012年第4期。

以及对执政党的监督等许多方面。"①邓小平曾说过:"我们党成为执政党,这是一件值得高兴的事情。但是,执政党也不是很容易当的。执了政,党的责任就加重了,共产党员的责任就加重了,我们领导干部的责任就加重了。"我们党是一个来自人民、植根于人民、服务于人民的马克思主义政党。作为中国人民利益的忠实代表,对人民好就是对自己好,党和人民的血肉联系、相互离不开的紧密关系决定了中国共产党执政规律的灵魂,也是党领导人民夺取革命胜利、抗战胜利和取得宏伟建设成就的奥秘所在。作为执政党,不管是致力于发展经济,推进民主政治建设,都首先以管理者身份出现。国家统治的实质是维护阶级利益,国家管理与治理则既强调要维护阶级利益,也强调维护公共利益和合法的私人利益。

2. 治理是管理者自我革命的选择

不管是系统治理、依法治理、源头治理,还是综合施策,本质都在于提高党的治理水平,治国理政走向更科学,更规范,更制度化,很好地维护好社会公平正义。对于概念的理解不能简单化,管理、治理和服务是相互支撑、相互统一的概念,甚至统治也是如此,只要国家存在,国家作为暴力机关的统治就不能削弱,不是今天谈治理就不要统治,也不是谈服务就不要管理,这些概念之间彼此都是基于国家的根本权力而存在的,不能简单地把"统治"理解为与政治色彩很浓的"阶级""斗争"相关联,中国社会远没有发展到告别"统治"的时代,社会"管理"不是"过去时",没有管理就无法

---

① 李勇华:《从"南方谈话"到"七一讲话":对党执政规律的认识及其深化》,《探索》2002年第4期。

实施治理，这是权力来源的前提，尽管"治理"概念已成为"现在进行时"。但我们不能遗忘服务中有管理，管理中有统治，治理中有统治和管理的成分。中国特色的国家治理本质就是中国共产党治国理政的过程，人民民主专政的国家性质决定执政党的一切权力属于人民，人民当家作主的国家，注定一切权力都来自人民。这也就决定了一切国家权力机关所做出的一切决定都是以人民意愿为出发点，始终把人民高兴不高兴、答应不答应、满意不满意、赞成不赞成作为检验党和政府一切政策、决策、决定、方针的出发点和落脚点。治理过程，就是统治、控制、管理和服务相统一的过程。

第一，国家治理体系和治理能力的现代化首先体现为治理者综合素养的现代化，中国共产党提出国家治理体系和治理能力现代化，本身就是领导党的自我革命，做优秀的革命党之后，还必须是优秀的执政党。国家治理体系的规范化、制度化、系统化、法治化，这是执政党的自加压力、自我变革、自我提升的积极要求。治理总是伴随着社会权力运行和维护公共秩序的一系列制度和程序的出台，领导者和管理者的行为必须受到来自法律、程序正义、行政规范、党内法规、纪律条例、政德伦理的更多约束。越发成熟的法治体制、行政体制、经济体制、生态文明体制、核心价值观体制和社会体制必然对官员的素质、治理水平、治理效率提出更多要求，甚至会出现挑战政府的治理权威行为。国家勇于积极推进治理体系和治理能力现代化，体现了党中央的政治勇气、担当意识、大局观念和为民情怀。

第二，从管理者变成治理者是一个放权的过程，放权是一个割肉，甚至割肥肉的过程，非有自我革命的决心不可。特权和享受必须被公仆意识取代。有些官员在思想深处依旧残留着当官做老爷的思想，而权力本身最能体现当官做老爷的价值，要确保那些被少数人独占的利益，往往通过不断巩固权力来实现。这与放权思想是背道而驰的。政出多门、烦琐管理本质是对公众的不信任，简化程序显然需要政府管理部门和公众建立起双向信用。政府简化程序是信任的表现，民众节省了时间成本，提高了办事效率，也应当对得起政府的这种信任。

第三，共产党的治理就是要真正实现人民当家作主，体现执政党的为民本质，党群的血肉联系。民主作为一种国家制度，是指在一定阶级范围内，按照平等的原则和少数服从多数的原则来共同管理国家事务的国家制度。人民民主是最广泛的主体所享有的民主，它与西方资产阶级的民主不同，不管西方如何中产阶级化，能够享受民主的一定是少数人，而不是绝大多数人。习近平总书记在庆祝全国人民代表大会成立60周年大会上的讲话中，提出了衡量一个国家的政治制度是否民主有效的8个标准：国家领导层能否依法有序更替；全体人民能否依法管理国家事务和社会事务，管理经济和文化事业；人民群众能否畅通表达利益要求；社会各方面能否有效参与国家政治生活；国家决策能否实现科学化、民主化；各方面人才能否通过公平竞争进入国家领导和管理体系；执政党能否依照宪法法律规定实现对国家事务的领导；权力运用能否得到有效制约和监督。这8个评价标准，体现了中国人民民主的实现有若干保障：（1）人民代表大会这一根本政治制度的保障；（2）国家根本大法和党领导人民制定符合人民意愿的其他各项具体法律的保障；(3)发展为了人民，发展依靠人民，发展的成果由人民共享的以人为本的发展理念的保障；(4)人民自己参与管理国家、参与决策、参与选举、参与咨询、参与建言献策的权力保障；(5)国家把共同富裕作为发展目标的战略保障。

3. 服务型政府体现治理的精细化

从统治向管理转变，重心是实现革命党向执政党转变，从管理向治理的转变，重心是实现治理的体系化、综合化、制度化和高效化，服务型政府是国家治理体系和治理能力现代化、精准化和精细化的重要体现。中国的现代化之路，就是体制的自我修正和实现公共利益最大化策略的变革之路。治理的精细化得益于治理理念的进步和具体条件的变化，从"看得见的手"（科层治理体系具有更多管理属性）与"看不见的手"（竞争性治理体系具有更多竞争关系），再到突出服务功能时代的"握手"（网络治理体系下的精细化联动模式）。[①]技术在不断改变治理模式和手段选择。

第一，治理现代化首先体现为行简政之道。自2014年国务院第一次常务会议提出"简政放权"以来，关于"减"和"放"就成了高频词汇。近几年来中央和地方政府也正在积极落实中央的这一要求。精简政府机构，简化审批流程，厘清政企职责，增强自主性，提高对老百姓和企业的办事效率，优化政府管理结构和层级，是当前简政放权改革的中心思路。中国共产党自执政以来，就一直在探索治

[①] 王卓君、孟祥瑞：《全球视野下的国家治理体系：理论、进程及中国未来走向》，《南京社会科学》2014年第11期。

理改革，1992年，为建立社会主义市场经济体制，实施了"精兵简政""权力下放"的政府行政体制改革；1998年，着眼于建立办事高效、运转协调、行为规范的政府行政管理体制，国务院机构改革将国务院部门由原来的60多个缩减为29个；党的十七大开始推行"大部制"改革，核心是转变政府职能，提供公共产品和公共服务能力，使得政府权力得以规范、回归公共服务。重在减少职能交叉，完善行政运行机制，落实"问责制"，建设责任政府，将组织重建、体制变革、机制创新、职能转变、流程再造、管理方式创新以及相互关系的调整有机结合起来，以全方位推进我国政府组织变革。

第二，打破束缚在市场主体身上的无形枷锁，舍弃错装在政府身上的有形钥匙，激发市场活力，让市场在资源配置中真正发挥决定性作用。深度挖掘企业活力、发展动力和全社会的创造力。市场主体有这样那样的抱怨，主要原因还是管理得过多过死，政出多门，手续烦琐，相关部门多，权责不清，增加了市场主体的办事时间成本，而因工作失误担责的时候更是存在相互推诿行为。简政放权难，效果不明显，主要还是存在利益固化。李克强总理指出，简政放权必须一以贯之，哪里遇到问题、碰到阻力就要设法去解决，这是削减部门利益的事情。我们就是要用减政府权力的"痛"来换得企业、群众办事的"爽"。要下决心再砍掉一批审批事项，而且直接放给市场，即使是需要审批的也要简化手续。尤其是要推进标准的统一，要给各级政府下达硬任务，排时间表。总理还指出，还有不少证照是没有必要的，还得下大力度删减。

第三，实现治理的精细化，必须解决行政管理部门之间的壁垒造成的无数个"信息孤岛""权力掣肘""隐形规则"。当公民户籍、就业、生育、婚姻、银行、信用、交通违规等基本信息处于分散的碎片化状态时，必然会加剧简政放权的难度。而推进这些信息的共享，也往往涉及部门重组、洗牌、撤并等问题，必然要触动一些部门的利益。有些管理规章的存在，其出发点不是从转变政府职能、简化程序、便民利民角度考虑的。如何更好地提高效率，减少行政成本，优化办事流程，做好窗口服务，实施一站式服务，是下一步工作的关键。政府各部门之间可以运用互联网+的思维，用大数据共享的观点来共同推进信息通道和共享平台建设，真正打破信息孤单和信息封锁，才能真正提高和改善服务效果。

第四，下好简政放权这一"改革先手棋"，必须持续推进权力改革、放管结合、优化服务、提高质量和精细化治理。简政放权是转变政府职能的重要抓手和突破口。必须打通政府职能转变的"最后一公里"难题，该管的管，并且要好好管，该放的放，并且要痛痛快快地放，不能半遮半掩、明放暗不放。努力实现"减放"，在放之前，想到放之后可能面临的问题，如何在放的过程中预见放的好结果，并积极引导向好的结果发展。各级政府部门的必修课是要清理、规范服务事项，打破低效、重复甚至无效怪圈，大胆突破部门利益的狭隘思维。简政放权本质上是尊重市场配置资源的优效原则。只有通过扎实有效地推进简政放权，让市场在资源配置中起决定作用的改革目标才能实现。简政放权是一个扫清市场障碍的过程，尊重市场公平正义的价值。围绕着增强市场活力这个切入点，着眼于实现公平正义的价值坐标，以行政审批制度改革为抓手，以市场和效率的视野来实现整体发力和系统推进。新型监管模式也是在摸索中提出来的,通过对行政审批权的"减、转、并、放、免",推进行政审批制度改革,最终能在执行中甚至试错中找到最优行政效率和最强市场活力。

第五,用"负面清单"警告简政放权不力的管理部门。简政放权的政策落实在实际执行过程中存在着这样那样的梗阻。主要的梗阻表现:(1)隐蔽而顽固的行政审批程序;(2)行业协会职能的膨胀,作为非政府部门的"第三方"机构,协会也存在审批的隐形权力;(3)触动利益比触动灵魂还难。一些下级行政部门的变相审核,"权力缩水"意味着利益缩水,简政放权总要触动一些既得利益者的奶酪。用"负面清单"制度管束简政放权行为,规范和简化流程也必须透明化,便于监督。推进行业协会和中介机构和政府脱钩,精简本身就要求"去行政化",不能把行政的权力变相转移到协会和中介机构那里,最终无法达到实际效果。在简政放权推进过程中,总会或多或少带来一些负面结果,不可能100%是正面效果。要谨防有些原有的既得利益者,利用利益改革瑕疵,鼓吹谋划重新收权,走向老路。"善政必简",转变政府职能必须从理顺政府与市场、政府与社会的关系问题着手,更好地调动中央和地方、干部和群众的积极性。"向自己开刀",即便伤筋动骨也在所不惜,大幅度减少政府对资源的直接配置,减少政府对微观经济活动的直接干预,不揣"小九九",不打"小算盘",不谈"油水",不走"过场",不做"戏法",不搞"反水",不玩"勾兑"。

第四章
如何实现治理体系和治理能力现代化

推进国家治理体系和治理能力现代化，意味着要实现价值维度的国家治理体系和治理能力现代化；实现党、国家、社会各项事务治理的制度化、规范化、程序化和法治化；努力促成"四个全面"战略布局和新发展理念，政治、经济、文化、社会、社会和生态的大协调发展；立足于社会主要矛盾的转化推进国家治理体系和治理能力现代化。党的十八届三中全会明确提出，全面深化改革的总目标是完善和发展中国特色社会主义制度，推进国家治理体系和治理能力现代化。实现这一总目标，有三点需要明确："一是中国是一个人民当家作主的社会主义国家，而如何治理社会主义社会，马克思主义经典作家并未给出现成答案，过去的社会主义实践也并未很好地解决这一问题；二是中国是一个人口众多、发展很不平衡的国家，如何治理这样的发展中大国，没有现成的经验可借鉴；三是中国是一个正在深刻转型的发展中国家，发展阶段的特殊性和发展任务的艰巨性，决定了实现国家治理现代化的复杂性。这三点表明，如何实现国家治理现代化，是一个具有战略意义的理论和实践课题。"①

---

① 秦宣：《推进国家治理现代化的方向和路径》，《人民日报》2016年6月22日第7版。

第四章
如何实现治理体系和治理能力现代化

一、价值维度的国家治理体系和治理能力现代化

中国特色国家治理体系的价值导向是基于社会主义核心价值体系来塑造治理共识。国家治理体系和治理能力现代化本身就是社会主义中国现代化的重要价值追求，这种价值维度体现在人民性、科学性、共同富裕目标和公共正义性。具有整体性价值追求的治理体系是"一种以整合、协作和责任为治理策略，充分体现包容性和整合性的治理模式"①。从阶级、人民，以及"政府、市场和社会的多重维度构建整体性责任机制，为公众提供无缝隙而非分离的整体性服务，强调治理主体内部与层级之间的协同，进而建立起一整套国家治理框架"②。

1. 始终坚持人民性的价值导向

我们讲的国家治理不是其他什么样的国家治理，而是社会主义国家治理，是具有中国特色社会主义性质的国家治理。"人民性"是决定中国共产党肩负国家治理体系和治理能力现代化的庄严使命，从浙江南湖小渔船驶来，到延安时期注入实践的灵魂，再到实现中华民族伟大复兴的庄严承诺，解决好为谁执政的问题事关党和中国现代化的前途命运，而且关系到中华民族的前途命运。党的十五大报告明确指出："共产党执政就是领导和支持人民掌握管理国家的权力，实行民主选举、民主决策、民主管理和民主监督，保证人民依法享有广泛的权利和自由，尊重和保障人权。"党的十六大通过的党

---

① 竺乾威：《从新公共管理到整体性治理》，《中国行政管理》2008 年第 10 期。
② 王卓君、孟祥瑞：《全球视野下的国家治理体系：理论、进程及中国未来走向》，《南京社会科学》2014 年第 11 期。

章开宗明义写道:"中国共产党是中国工人阶级的先锋队,同时是中国人民和中华民族的先锋队,是中国特色社会主义事业的领导核心,代表中国先进生产力的发展要求,代表中国先进文化的前进方向,代表中国最广大人民的根本利益。""两个先锋队"是中国共产党代表人民利益、代表中华民族利益的准确判断,也是先进性的集中体现。十九大报告更是强调,"必须坚持以人民为中心的发展思想,不断促进人的全面发展、全体人民共同富裕"①。

2. 坚持马克思主义指导的国家治理体系和治理能力现代化

第一,中国的国家治理离不开马克思主义,指导思想是一个政党的精神旗帜,不论顺境还是逆境都不能动摇对马克思主义的信仰,不能污损这面旗帜,她是增进全党全国各族人民团结统一的坚实思想基础,是同心同德共谱鸿篇巨制的抓手,是保证国家朝着正确的治理方向前进的导航仪。失去旗帜的政党,必然亡党,没有先进理论的武装,事业也不可能成功。自马克思主义创新,到十月社会主义革命,再到中国特色的社会主义建设,马克思主义这一科学理论始终是行动指南,更是我们立党立国的根本指导思想。唯有先进的指导思想武装起来的政党和队伍,才能有舍我其谁的勇气、不畏险阻的气魄、敢于担当的品质、勇于牺牲的决绝。背离或放弃马克思主义,共产党就会失去灵魂,迷失初心,忘却了来路。

第二,革命理想高于天,怀着远大理想和崇高抱负的人,在成长中须臾离不开理想之光照耀征途,信念之光点亮人生。思想深处

---

① 习近平:《决胜全面建成小康社会 夺取新时代中国特色社会主义伟大胜利——在中国共产党第十九次代表大会上的报告》,人民出版社 2017 年版,第 19 页。

的动摇是最危险的动摇，理论上不清醒笃定，政治上不可能坚定执着。坚定共产主义远大理想和信念，伟大的实践才有推进的精神动力。一个政党的衰落，往往从理想信念的丧失或缺失开始。坚定的理想信念，必须建立在对马克思主义的深刻理解之上，建立在对历史规律的深刻把握之上。毛主席说："政治路线确定之后，干部就是决定的因素。"那么政治路线之前呢，领导集团的核心层的思想信仰则是决定因素。特别是"领导人或领导集团"一旦失去信仰，一个国家的灵魂与主流价值就发生质变了。

没有信仰，没有对党的忠诚，只有精致的个人主义需求，这样的领导集团怎么会不失败。中国共产党用"一个中心，两个基本点"的基本路线来化解苏联所面临的经济、信仰问题，把苏联社会主义中符合马列主义普遍原理的部分在与中国实际相结合的过程中坚持下来了，奠定了中国大厦的地基并使其健康地发展。在社会主义国家纷纷垮台之后，中国的社会主义仍能立于不败之地，并日益焕发出生机和活力，不断接近中华民族伟大复兴的希望，关键在于没有私心的党怀着远大的理想信念和抱负，走对了路，扛对了旗帜。

3. 共同富裕是中国国家治理体系和治理能力现代化的重要价值追求

总书记指出："到 2020 年我国现行标准下农村贫困人口实现脱贫，是我们的庄严承诺。一诺千金。""让我们一起来完成这项对中华民族、对整个人类都具有重大意义的伟业。"[①] 圣贤曰："凡治国之

---

① 《国家主席习近平发表二〇一八年新年贺词》，http://www.chinanews.com/gn/2017/12-31/8413457.shtml。

道，必先富民。"中国改革的伟大进程，是致力于共同富裕的目标兑现的历程。汉代王符说："大鹏之动，非一羽之轻也；骐骥之速，非一足之力也。"意思说，大鹏冲天飞翔，不是靠一根羽毛的轻盈；骏马急速奔跑，不是靠一只脚的力量。中国要飞得高、跑得快，就得依靠13亿人民的力量。而调动13亿人民的积极性、创造性，就必须把共同富裕的梦想挺在改革的前面。

第一，一直在走向共同富裕的路上。从"三步走"战略到"两个翻一番""两个一百年"，百年之后国家怎么发展，其中一以贯之的就是解放和发展生产力。自从国家工作重心转移，发展问题就是治理中国的头等大事，任何情况下都不能游离经济建设这个中心。人类社会发展规律、社会主义建设规律、共产党的执政规律和治理规律规定着中国共产党在生产力和生产关系的辩证运动中代表最先进的生产力，才能符合最先进生产关系的要求，解放和发展社会生产力是消除贫困的最重要抓手。先进生产力不断取代落后生产力是人类社会发展的本质推动力量，作为被马克思称之为最活跃的革命力量——生产力是人类社会更替的最终决定力量。唯物史观坚信人民群众作为历史的创造者，是先进生产力的创造主体，作为人民群众的杰出代表组成的领导集体——中国共产党也必然是先进生产力的代表，站在生产力发展的最前沿，瞄准生产力变革的领域和空间，提前为解放和发展生产力进行整体布局，为生产力的释放和质的飞跃提供平台。社会主义建设的根本目的是实现人民群众的经济、政治、文化利益，作为中国特色社会主义的建设者，最大多数人民的利益是最要紧和最具有决定性的，中国共产党必须代表中国最广大人民群众的根本利益，代表先进生产力的发展水平，不断积累和创造出更多的物质财富，来化解当前的基本矛盾，使广大群众共享经济社会发展的成果。让人民活得有尊严需要靠发展，提升民族影响力还是靠发展，解决中国前进中的问题要靠发展，提高国家抵御各种风险的能力要靠发展，维护社会公平正义，建设美丽中国最终还是靠发展生产力。

共同富裕是中国共产党实施治国理政的共同理想。共同富裕是中国特色社会主义的内在价值指向，所以必须使发展成果更多更公平惠及全体人民，朝着共同富裕方向稳步前进。把群众温饱冷暖放在心间，致力于消除贫困、发展生产力、改善民生、实现共同富裕，是社会主义的本质要求。2012年11月15日，习近平在常委见面会上的讲话中指出："我们的责任，就是要团结带领全党全国各族人民，继续解放思想，坚持改革开放，不断解放和发展社会生产力，努力解决群众的生产生活困难，坚定不移走共同富裕的道路。"行进在中国特色社会主义道路上，需要用生产力的硬指标来证明它是实现我国社会主义现代化的必由之路，需要用实质性生活质量的提高，从整体小康奔向全面建成小康的更宽广舞台，创造人民更加美好生活，既需要不断解放和发展社会生产力，又必须逐步实现全体人民共同富裕，促进人的全面发展。

第二，始终把人民需要摆在前面。不忘为民初心，走好新长征路，必须继续保持的底色：只有人民幸福安康，国家才算繁荣富强；只有立足于共同富裕，中国特色社会主义才符合历史的必然进程；只有人民挺起胸膛，国家才会充满力量；只有不让一个人掉队，才能以沉甸甸的辉煌业绩告慰渴慕共同富裕的先烈。全面建成小康社会，是中国共产党向人民、向历史做出的庄严承诺，是13亿多中国人民的共同期盼，是世界社会主义发展的必然召唤。不断提高人民生活质量和水平，是我们一切工作的出发点和落脚点，也是全面建成小康社会的根本目的。胡锦涛同志指出："要坚持发展为了人民、发展依靠人民、发展成果由人民共享，完善保障和改善民生的制度安排"。习近平总书记也指出，全面建成小康社会，不仅要如期实现，而且在地域上、人群上一个都不能少。最艰巨的任务是脱贫攻坚，最繁重的工作是保障各方面困难群众基本生活。我们要坚定信心、扎实工作，坚决打赢脱贫攻坚战，切实关心和扶持各类困难群众，努力建成人民群众满意、高质量的小康社会。

第三，不让一个人掉队，瞄准共同富裕的梦想就要让人民群众有更多获得感。习近平总书记强调，"改革既要往有利于增添发展新动力方向前进，也要往有利于维护社会公平正义方向前进""把以人民为中心的发展思想体现在经济社会发展各个环节，做到老百姓关心什么、期盼什么，改革就要抓住什么、推进什么，通过改革给人民群众带来更多获得感"。人民群众是改革的力量之源，体现人民群众的愿望，敏锐地瞄准百姓的关切，及时呼应人民群众的诉求，把共同富裕的梦想挺在改革的前面，求民生之益，谋民生之利，解民生之忧，济民生之困，才能赢得人民群众的支持，激发人民群众参与改革的积极性、主动性和创造性。改革为了人民，改革依靠人民，改革的成果由人民共享。人民对美好生活的向往，就是以习近平同志为核心的党中央以及全党的奋斗目标。总书记指出："我们的人民热爱生活，期盼有更好的教育、更稳定的工作、更满意的收入、更可靠的社会保障、更高水平的医疗卫生服务、更舒适的居住条件、更优美的环境，期盼孩子们能成长得更好，工作得更好，生活得更好。"力争让教育更加公平，就业保持平稳，收入持续增加，保障扩面提质，看病更加便捷，居住不断改善，环境得到保护。用行动"让广大农民都过上幸福美满的好日子，一个都不能少，一户都不能落"。兑现那庄重的承诺："在整个发展过程中，都要注重民生、保障民生、改善民生，让改革发展成果更多更公平惠及广大人民群众，使人民群众在共建共享发展中有更多获得感。"

第四，精准扶贫精准滴灌，只有找准"穷根子"，才能开对"药方子"。扶贫不能撒胡椒面，必须点面都要到位。精准扶贫方必须依赖于精准滴灌。习总书记指出："全面建成小康社会，最艰巨最繁重的任务在农村、特别是在贫困地区。没有农村的小康，特别是没有贫困地区的小康，就没有全面建成小康社会。"小康不小康，关键看老乡，让几千万农村贫困人口生活好起来，是党中央矢志不移的信念。"我们要立下愚公移山志，咬定目标、苦干实干，坚决打赢脱贫攻坚战，确保到2020年所有贫困地区和贫困人口一道迈入全面小康社会。"要力争做到扶贫对象精准，项目安排精准，资金使用精准，措施到户精准，因村派人精准，脱贫成效精准；做到发展生产脱贫一批，易地扶贫搬迁脱贫一批，生态补偿脱贫一批，发展教育脱贫一批，社会保障兜底一批。坚持扶贫攻坚与全局工作相结合，走统筹扶贫的路子；坚持连片开发与分类扶持相结合，走精确扶贫的路子；坚持行政推动与市场驱动相结合，走开放扶贫的路子；坚持

"三位一体"与自力更生相结合,走"造血"扶贫的路子;坚持资源开发与生态保护相结合,走生态扶贫的路子。越是艰难险阻,越是要不忘初心,不改初衷,认真用心兑现对人民的承诺。让人民获得更多实惠,促进社会公平正义,增进人民福祉,瞄准体制机制的缺陷,依托于促进社会公平正义的目标,哪个领域哪个环节问题突出,哪个领域哪个环节就是改革的重点,努力实现好、维护好、发展好最广大人民根本利益。总书记特别强调,支持和帮助贫困地区和贫困群众尽快脱贫致富奔小康,绝不能让一个苏区老区、一个少数民族掉队。努力阻止因病致贫、因病返贫,坚决阻止贫困现象代际传递。要把扶贫攻坚抓紧抓准抓到位,坚持精准扶贫,倒排工期,算好明细账。

第五,全面建成小康社会的决战阶段,更显信念和坚持的重要,13亿多人的全面小康,何其伟大。梦想越伟大,道路越崎岖。行百里者半九十,越是接近目标,难度就越大;越接近山顶,攀登越艰难。全面建成小康,也只是中华民族复兴伟大事业的一小步,离共同富裕还有很远的路要走,新的长征路依然很长。习近平总书记在纪念红军长征胜利80周年大会上的讲话中指出:"夺取具有许多新的历史特点的伟大斗争新胜利,我们还有许多'雪山'、'草地'需要跨越,还有许多'娄山关'、'腊子口'需要征服"……,一代人有一代人的长征路,我们每代人都要走好自己的长征路。"实施"四个全面"战略就是我们这一代人的新长征中重要一环。改革关头勇者胜,在历史关键期,把我们的事业成功推至光辉的彼岸,要拿出弄潮儿向潮头立、手把红旗旗不湿的精气神,早日圆共同富裕的梦想。

4. 国家治理体系和治理能力现代化就是公平正义最大化之路

第一，公正治理、维护社会公平正义是中国特色国家治理的显著优势。在一种制度体系中，是不是所有人都能获得公平公正的对待，这涉及最广大人民的根本利益。维护和实现社会公平和正义，是我们党坚持立党为公、执政为民的必然要求，也是我国社会主义制度的本质要求，是人民幸福的重要政治保障。公平正义是中国共产党的一贯主张，革命和改革都是"以促进社会公平正义、增进人民福祉为出发点和落脚点"的。习近平在2014年新年贺词中指出："我们推进改革的根本目的，是要让国家变得更加富强、让社会变得更加公平正义、让人民生活得更加美好。"

第二，通过有效治理实现更多的机会公平。罗尔斯的公平正义观给我们提供了一些启示，机会公平意味着社会平等成员在拥有某种共同资源的机会时应得到平等的对待。那些具有同样能力和志向的人，不应当受到社会出身等因素的影响。起点平等是结果平等的前提和基础，起点不平等必然加剧结果不平等，引发两极分化，制造社会失序。实现起点平等，政府应该承担公共责任，这是政府向公民做出政治承诺的内在规定性。机会平等是一种期望，更是一种心理平等的预期，它是每个人平等发展权的底线保障。平等的教育机会、平等的人口自由流动机会、平等的竞争机会、平等的创业机会在机会平等中具有举足轻重的作用。机会公平是起点公正的问题，在起点和机会的公平上，需要政府在平等机会的释放和给予上予以照顾。

第三，尊重治理程序，确保程序公正。程序正义是实体公平之母，是维护公平正义的制度保障。现实中，除了需要起点的机会公平外，还需要规则公平和权利公平，而这些则需要完善的制度来提供。公平正义的制度不仅促进经济发展，而且能通过公平的制度和规则促进公平分配。制度公平体现的主要是程序正义，它是其他实体正义的制度保障。实体正义包括权利公平、机会公平、分配公平等。规则公平的实现，需要通过制度安排、法律规范、政策支持加以解决。通过好的程序来分好"蛋糕"，才能借助合理的制度来做大"蛋糕"，使发展成果更多更公平惠及全体人民，让劳动者学有所教、劳有所得。习近平总书记指出："不论处在什么发展水平上，制度都是社会公平正义的重要保证。"我们要通过创新制度安排，努力克服人为因素造成的有违公平正义的现象，在简政放权上要打破部门利益，纠正扯皮推诿不作为、效率低下等不良现象。让制度和政策的形成经过严格、公正的程序，普惠平等大众，体现规则公平的最大公约数、共同参与性和公开科学性。规则公正侧重于制度设计的合理性，权利公正则体现出制度安排上的平等性与弱势补偿机制。规则公平、程序合理、过程公正，依然会导致不公平结果。一项公共政策要符合程序正义，就必须在酝酿、协商、权衡、起草、制定、执行、评价、反馈与终止的全过程中，依法、有理、有序做出政策选择。这也意味着，要在制度的设计环节上保证无瑕疵，就必须推进决策科学化、民主化，依法保障公民的知情权、参与权、表达权、监督权。

二、制度维度的国家治理体系和治理能力现代化

2014年2月17日，习近平总书记在省部级主要领导干部学习

第四章
如何实现治理体系和治理能力现代化

贯彻十八届三中全会精神全面深化改革专题研讨班开班式上发表的重要讲话指出："改革开放以来，我们党开始以全新的角度思考国家治理体系问题，强调领导制度、组织制度问题更带有根本性、全局性、稳定性和长期性。今天，摆在我们面前的一项重大历史任务，就是推动中国特色社会主义制度更加成熟，更加定型，为党和国家事业发展，为人民幸福安康，为社会和谐稳定，为国家长治久安提供一整套更完备、更稳定、更管用的制度体系。这项工程极为宏大，必须是全面的系统的改革和改进，是各领域改革和改进的联动和集成，在国家治理体系和治理能力现代化上形成总体效应，取得总体效果。"在十九大报告中习近平总书记又指出："社会矛盾和问题交织叠加，全面依法治国任务依然繁重，国家治理体系和治理能力有待加强。"坚持和完善中国特色社会主义制度、推进国家治理体系和治理能力现代化，就是要围绕着坚持和巩固中国特色社会主义制度、确保党永葆青春、长期执政，维护国家长治久安，破解建设社会主义现代化国家面临的方方面面难题，把中国特色社会主义制度优越性贯穿到推进国家治理体系和治理能力现代化的全过程，按总要求协同深化重大体制机制改革，分系统落实治理体系建设。整合系统治理、依法治理、综合治理与源头治理，把我国制度优势更好转化为国家治理效能，比如应健全重大决策调查、论证、评估机制建设；积极改进党的领导方式和执政方式，增强各级党组织政治功能和组织力、加强地方人大及其常委会建设；加强对司法活动的监督，确保司法公正高效权威，这些都是中国特色社会主义制度和国家治理体系建设的重要任务。

1. 制度优化中的治理体系和治理能力现代化

国家治理的领导制度、组织制度具有根本性、全局性、稳定性和长期性。之所以这么说，是基于在治理体系的设计和安排中领导制度和组织制度具有极端重要性而言的。习近平同志强调，国家治理体系实质上"就是一整套紧密相连、相互协调的国家制度"。既然是系统性的国家制度，必须具有党的领导制度和强有力的组织制度才能保证这些制度体系的建立和落实。领导制度和组织制度是管根本、管方向、管协调、保稳定。这种领导制度和组织制度，会随着治理的具体制度变化而调整方式，但绝不能放弃，必须长期坚持。

有学者认为，国家治理体系是规范社会权力运行和维护公共秩序的一系列制度和程序。① 如何规范权力运行，靠什么规范权力运行，不管是行政体制、经济体制、社会体制、文化体制还是生态文明体制，回到原点，都必须有一个统一领导、协调各方的顶层机构的存在，那就是党的领导和组织制度安排。失去中央的权威，有效的组织安排、高效的人事调控，国家治理体系的安排、协调、动态的运行环境就无所依托。"党委领导、政府负责、社会协同、公众参与、法制保障"的社会管理格局，是国家治理体系的制度纲领。习近平同志指出："国家治理体系和治理能力是一个国家制度和制度执行能力的集中体现。国家治理体系是在党领导下管理国家的制度体系，包括经济、政治、文化、社会、生态文明和党的建设等各领域体制机制、法律法规安排。"在发展战略上，基于中国自身制度的特

---

① 俞可平：《推进国家治理体系和治理能力现代化》，《前线》2014 年第 1 期。

点，决定中国必须从权力角度、政治角度、行政执法角度、国家安全角度做出治理制度安排。制度的内在本质属性，规定着治理现代化必须侧重确保制度安排的纯洁性、导向性，掌控战略方向，协调社会经济、生态和文化环境，有效利用资源、提升效率，服务好人民，推进治理现代化与制度的正向互动。要不断完善人民代表大会制度、政治协商制度，推进协商民主建设。

在国家权力结构上，人民代表大会制度作为人类历史上最好的制度形式，能有效避免"三权分立"下议而不决、决而不行的低效率，北京雾霾治理显著改进就能充分体现出人民代表大会集中决策的实际效率和集中力量统筹推进的效果。在政党关系和政党制度方面，坚持中国共产党领导的多党合作和政治协商制度，以协商政治形式避免一党制下执政党不受他党监督的缺陷，同时克服多党竞争制下互相攻击、互相贬低的弊端，是全国人民代表大会制度最显著的成效。当然，再好的制度都有改进的空间，如何更好地体现人民代表大会制度优势，提高代表质量，需要把协商政治的特点更好地展示出来，强化协商民主的制度化建设，不断完善人民代表大会制度，做好协商民主工作需要在以下方面着力实施。明确协商的政治定位，在位不越位。要协商也要有限制，中国人民政治协商会议不同于全国人民代表大会，它不是代议制的上院（参议院）这样的国家权力机构，也不是政府这样的国家机关，而是统一战线组织，是中国共产党领导的多党合作和政治协商的重要机构，当代中国政治的制度设计赋予它以参政议政、建言献策、监督社会等整合型功能。毛泽东同志在60年前就指出，人民政协暂时还是建议性质的会议。

"政协的性质有别于国家权力机关——全国人民代表大会,它也不是国家的行政机关。有人说,政协全国委员会的职权要相等或大体相等于国家机关,才说明它是被重视的。如果这样说,那么共产党没有制宪之权,不能制定法律,不能下命令,只能提建议,是否也就不重要了呢?不能这样看。"中央人民政府会采纳政协的建议,认真对待协商的结果,并积极见之于行动。但一定要防止那种借助协商之名义,扩大参政议政权限,贩卖多党制之邪恶用心。要确保协商民主在中国特色社会主义道路、理论体系和制度的根本方向指引下健康发展。杜青林在出席十二届全国政协第二期新任委员学习研讨班的讲话中指出:"要牢牢把握团结和民主两大主题,充分发挥人民政协作为协商民主重要渠道作用,做到思考理性而不片面,讨论热烈而不对立,交流真诚而不敷衍,批评坦诚而不极端,充分彰显我国社会主义民主政治特点优势。"要顾大局、知大势、议大事,紧扣各项重大改革举措的贯彻落实议政建言、咨政献策。中国协商民主建设必须坚持以下原则[①]:(1)以共产党为核心主体,以宪法为最高权威,以制度为基本平台,以共存为基本前提,以合作为基本价值,以发展为共同目标,以参与为基本动力,以监督为基本保证,以协商为基本手段。(2)注重当前较为紧迫的基层协商的制度化和机制化建设。基层是协商第一站,是了解社情民意、积聚共识的第一协商现场,也是化解矛盾,最大限度达成不同利益诉求共识的起点,做好基层协商工作是协商民主具体化、制度化的根本要求。民

---

① 林尚立:《协商民主:中国的创造与实践》,重庆出版社2014年版,第42—45页。

主只有更多地体现在基层，才能显示人人共享的民主本质。如何推进基层协商民主建设，从制度到机制，从协商共识到问题解决，都需要不断探索优化。我们需要人民政协这样的"大团结、大统一、囊括一切代表人物"的大协商格局。但对于普通民众来说，当前更需要"小协商、小团结、小统一"。如何通过建立有效的基层协商制度，搭建协商平台，筹措协商基金，可以请政协委员参与监督观摩，请人大代表参与，就拆迁补偿问题、宅基地问题、浇水灌溉问题、打工维权讨薪问题、环境污染评估问题、公共利益分配问题等民生问题，进行"小协商"，化解"小矛盾"，营造大和谐。（3）要丰富协商形式，扩大包容性，特别是界别协商，可以参照人大代表选举确立人口或区域比例，确定界别人数，重视农民工代表界别的成立与建设，需要更多关于民生的界别的加入，兼顾发展中的新增阶层，如金融界别、IT技术界别、网商界别、律师界别、环保界别、志愿者与义工界别、各种第三方服务界别等。维护好弱势群体的话语权和他们的基本权益。当前有一个规定，省与直辖市的界别数量不能超过中央的界别数量，县、市的界别数量不能超过省、直辖市的界别数量，更不能超过中央的界别数量。应该考虑适当的下放权限，因地制宜，因地而异，只要现实有需要，在某些地方给予新界别的添加权，这样才能更好地体现政策的地域性、时效性。全国政协工作也应该把协商民主的普遍原理和省情、县情结合，创造性地开展工作。（4）协商民主是一项公民的政治潜能开发工程，前景无限，在制约权力膨胀、丰富民主形式、深化民主内涵、优化公共精神、提升利他主义、发挥理性作用、培育公民精神、监督党委政府等方面意义非凡。也会"提高行政决策合法性,矫正竞争民主的缺陷,培养公民素质和德性"①。中国在协商民主的道路上还有很多路要走,协商民主的发展没有终点。亦如贾庆林在全国政协十二届一次会议上所作的工作报告中指出的那样:"把协商民主纳入决策程序,坚持协商于决策之前和决策之中,广纳群言、广集民智,增进共识、增强合力,增强民主协商实效性,不断丰富和发展中国特色的协商民主,是当前中国民主建设的必然选择,也是我国根本政治制度的内在要求。"协商民主把决策把关的关口前移,既关注前提,也关注过程,更注重结果,并经常性反馈。在深度、广度上不断优化,使我国社会主义民主政治展现出更加旺盛的生命力。

2. 关键是党的治理现代化

实现国家治理体系和治理能力现代化,必须围绕着党的治理现代化,党的自身建设好不好,直接影响国家治理能力现代化的实际效果。十九届四中全会提出要坚持和完善党的领导制度体系建设,在这一体系下要安排好建立"不忘初心、牢记使命"的制度、完善坚定维护党中央权威和集中统一领导的各项制度、健全党的全面领导制度、健全为人民执政、靠人民执政各项制度、健全提高党的执政能力和领导水平制度和完善全面从严治党制度六项具体制度建设。强化党的治理现代化必须不断强化党自身的建设,过去先进不等于永远先进,共产党自身不加强建设,没有与时俱进的品质,自然也无法克服精神懈怠的危险、能力不足的危险、脱离群众的

---

① 李允熙:《从政治协商走向协商民主——中国人民政协制度改革与发展研究》,社会科学文献出版社2012年版,第42—44页。

第四章
如何实现治理体系和治理能力现代化

危险、消极腐败的危险，无法战胜执政考验、改革开放考验、市场经济考验和外部环境考验。"四种危险""四个考验"在警醒全党，落实党要管党、从严治党的任务比以往任何时候都更为繁重，更为紧迫。《中国共产党廉洁自律准则》明确了共产党员领导干部廉洁从政的行为准则。在党风廉政方面，廉政建设关系到一个国家的生死存亡，一个政党、一个国家工作人员的腐败不解决，最终要导致政党垮台甚至国家灭亡。所以要把纪律挺在前面，注重抓早抓小，惩前毖后、治病救人。党员干部廉洁自律规范要求："坚持公私分明，先公后私，克己奉公。坚持崇廉拒腐，清白做人，干净做事。坚持尚俭戒奢，艰苦朴素，勤俭节约。坚持吃苦在前，享受在后，甘于奉献。"[1]《十八届中央纪律检查委员会向中国共产党第十九次全国代表大会的工作报告》显示，"推动管党治党从宽松软走向严紧硬"："坚定旗帜方向，紧盯目标任务，正风肃纪反腐，坚决遏制腐败蔓延势头，严肃党内政治生活，完善党内监督体系，治标为治本赢得时间、赢得民心，标本兼治不断深化。"[2]坚持打铁还需自身硬，建设忠诚干净担当的队伍，细化违反政治纪律负面清单，扎紧制度笼子，建设长效机制，抓住管党治党"牛鼻子"，强化问责制度，一届任期巡视全覆盖，严明政治纪律和政治规矩，净化党内政治生态，始终保持惩治腐败的高压态势，坚持形成强大的反腐威慑力，织密国际追逃"天网"，完善党和国家监察体制，实现治党制

---

[1]《中国共产党章程 中国共产党纪律处分条例 中国共产党廉洁自律准则》，中国法制出版社2015年版，第75页。
[2]《中国共产党第十九次全国代表大会文件汇编》，人民出版社2017年版，第127页。

度化建设与时俱进，完善党内监督体制机制。正是以上这些从严治党的制度安排，才实现了反腐败局面的压倒性态势。

3. 国家治理现代化法治是关键

习近平总书记强调，建设中国特色社会主义法治体系是全面推进依法治国的总抓手，是国家治理体系的骨干工程，各项工作都要围绕这个总抓手来谋划、来推进。法治作为国家治理体系的骨干工程，作为国家治理能力的"纲"，是国家治理体系和治理能力现代化的奠基性工程。能不能在2035年基本建成法治国家、法治政府、法治社会，使各方面制度更加完善，在国家治理能力提升中具有举足轻重的作用。

党的十九大报告第六部分指出，深化依法治国实践是健全人民当家作主制度体系，发展社会主义民主政治的重要内容。"法律是治国之重器，法治是国家治理体系和治理能力的重要依托"[1]。法治是治国理政的基本方式，法令行则国治，法令弛则国乱。法治也是社会平等关系的"监护人"，更是社会矛盾的减压阀和调节器。习近平在首都各界纪念现行宪法公布施行30周年大会上的讲话中指出："依法治国是党领导人民治理国家的基本方略。"十九大报告再次强调指出："全面依法治国是中国特色社会主义的本质要求和重要保障。"[2]坚持法治国家、法治政府、法治社会一体建设是治国理政的重要方略。"全面依法治国是国家治理的一场深刻革命，必

---

[1]《习近平谈全面推进依法治国：法律是治国之重器》，http://politics.people.com.cn/n/2014/1028/c70731-25926164.html。

[2] 习近平：《决胜全面建成小康社会 夺取新时代中国特色社会主义伟大胜利——在中国共产党第十九次代表大会上的报告》，人民出版社2017年版，第22页。

须坚持厉行法治，推进科学立法、严格执法、公正司法、全民守法。"①西方有神治传统，依旧要依附于现实的法治需要。中国有人治的历史，但人治的实践史一再证明，治国理政一旦没有确定的刚性的规矩，伸缩性自然就大，是方是圆变动不居，常常是可方可圆，或者可大可小，尺度全在当权者把握，一旦当权者不是人民期待的明君，或者即便是明君，受制于朋党牵制、奸臣献媚、自身利益捆绑、私人偏好、性情变化等不确定要素影响，常常就会造成国无法度、强盗盛行、社会动荡、国无宁日等局面。习近平同志从主政地方，到主政中央，始终强调依法治国的重要性，中央领导集体更是积极推进，特别是十八届四中全会做出的全面推进依法治国的重大决定，都在深化延续这种法治主张，都在贯彻和推进法治思维，目标当然是要建设法治中国。国家治理体系和治理能力现代化，必须包含法治现代化。西方古典自由主义代表卢梭说："人生而是自由的，但却无往不在枷锁之中。"我想这枷锁，就是制度、规矩、法律、道德，是人就需要受到约束。中国在治国理政中之所以越发重视法治思维，归根到底，这样的治理模式顺应世界发展潮流，符合中国制度化改革需要，符合广大人民的利益，便于维护国家和法律的权威，备置好明确具体的法律条款，让党的决策、党的领导、执法、司法、自然人都置身于法治的管控中，真正实现人人平等的法治状态。

党的十九大报告指出，十八大以后，"积极发展社会主义民主政

---

① 习近平：《决胜全面建成小康社会 夺取新时代中国特色社会主义伟大胜利——在中国共产党第十九次代表大会上的报告》，人民出版社2017年版，第38页。

治,推进全面依法治国,党的领导、人民当家作主、依法治国有机统一的制度建设全面加强"。新时代中国特色社会主义思想和基本方略,"明确全面深化改革总目标是完善和发展中国特色社会主义制度,推进国家治理体系和治理能力现代化;明确全面推进依法治国总目标是建设中国特色社会主义法治体系,建设社会主义法治国家"①。全面推进依法治国,加快建设社会主义法治国家,这一目标的确立是以习近平同志为核心的党中央法治思维在治国理政中的具体化。十八届四中全会提出很多重要的法治论断,围绕"依法治国"主题提出180多项制度安排。我们期待着全面推进科学立法、严格执法、公正司法、全民守法进程;期待着依法治国、依法执政、依法行政共同推进;期待着法治国家、法治政府、法治社会一体建设,让有法可依、有法必依、执法必严、违法必究四句话成为公平正义的试金石。总书记主张,改革走到哪里,法治就跟进到哪里;政府职能转变到哪里,法治就要到哪里,争取实现无缝对接。重大政策出台必须有法律依据。正如习近平在《弘扬法治精神,形成法治风尚》一文中所言:"法律当中'最重要的一种'就是这种风尚,它既不是铭刻在大理石上,也不是铭刻在铜表上,而是铭刻在公民们的内心里。"当守法成为一种自觉时,当法治思维成为一种习惯时,全面推进依法治国战略的实效也自然成气候了。

4. 创新社会治理是治理现代化的一场硬仗

第一,创新社会治理,改进社会治理方式。怎么创新,怎么改

---

① 习近平:《决胜全面建成小康社会 夺取新时代中国特色社会主义伟大胜利——在中国共产党第十九次代表大会上的报告》,人民出版社2017年版,第19页。

进是问题的关键。创新应该朝着几个基本方面努力。(1) 要善于把数字化技术、云端大数据应用到治理创新中来,实现精细化、标准化管理。不同部门应该能够适度分享所拥有的数据信息,把智能管理应用到实际工作中。如北京推出的 App 快速交通事故处理平台,内蒙古的十个全覆盖网格化管理,公安部门的天网行动,身份证基本信息管理共享,推行阳光信访和促进国家信访信息系统全面联通,养老、失业、医疗、工伤等社会保险的异地结算,网络慈善募捐等。对于是不是需要创新,治理方式要不要变,改变以后和改变以前的治理效果应该通过数据化的东西来比对,从而让治理改进效果更明晰。(2) 不同行业应该把提高工作效能、优化结构、简化流程、便捷民众作为创新治理的基本出发点,把综合治理和源头治理结合起来共同推进。(3) 完善党委领导、政府主导、部门共建、社会协同、公众参与、法治保障、效果跟踪的社会治理体系化管理。(4) 社会治理变革必须瞄准问题,确定靶心,聚焦群众利益冷暖,以和谐、稳定、安全、以人为本为底线。如建立通畅的权益诉求渠道,搭建维权的社会公益平台,建立风险防范的应对机制,建立统一社会信用代码制度、信用记录查询制度,网络、手机卡等实名登记制度。重点关注贫富悬殊、金融风险、高失业率问题,兼顾买房、上学、看病等重大民生问题,适应法治化要求做好社区矫正、青少年教育管理工作,社会保险、社会救助、社会福利和慈善事业都需要与时俱进,不断创新管理方式。(5) 在社会治理中必须注重社会风气的改善,强化道德约束,规范社会行为,倡导社会公德,推动社会互助,打消陌生人之间的隔阂,养成大众的责任意识,传播正能量,弘扬诚信友爱。倡导精神引导和社会主义核心价值观建设，营造社会建设效果的价值认同，宽容、包容和体谅政府，防止情绪极端化、非理性，纾解个人心理压力，调节社会极端情绪等都大有可为。（6）治理的本质不是"治"，社会治理的本质是通过优化服务更好地满足人民的期待，及时解决群众的实际困难，快捷地有针对性地化解社会矛盾。（7）创新社会治理并非一朝一夕的事情，必须有持久战的意识，体制变革和治理能力提升都是极其复杂艰巨的系统工程，要对社会治理变革的效果多一些理性期待，少一些情绪宣泄和盲目反对。理论界也无须过分夸大社会管理与社会治理的不同。① 中国的社会治理本质上还是社会管理，依旧从属于国家治理，不应该把社会管理和社会治理对立化，那是西方话语行为，因为"西方在新自由主义思潮作用下，社会治理则居于主导地位"②。（8）掌握好社会治理辩证法。社会治理涉及治理权力的收放、治理手段的增减、治理内容的去繁就简。所以，"社会治理要讲究辩证法，既要管理又不能管得太死，要做到刚柔相济、宽严适度，使社会活跃起来而又有序运行"③。根据社会治理的实际需要，更加注重健全民主制度，丰富民主形式，活跃治理氛围，拓宽民主渠道，从各层次各领域扩大公民有序政治参与和社会参与。从而"实现从传统的重视命令式、运动式、动员式的社会治理制度实现向法治型、互动式、规范化的社会治理

---

① 邵光学、刘娟：《从"社会管理"到"社会治理"——浅谈中国共产党执政理念的新变化》，人大复印资料《中国共产党》2014年第7期。
② 郑杭生、邵占鹏：《治理理论的适用性、本土化与国际化》，《社会学评论》2015年第2期。
③ 魏礼群：《积极推进社会治理体制创新》，《行政管理改革》2014年第8期。

制度的转变，显著提高社会治理的制度化、规范化和程序化水平"①。

第二，激发社会组织活力。中央提出，"正确处理政府和社会关系，加快实施政社分开，推进社会组织明确权责、依法自治、发挥作用"②。激发社会组织活力必须给予社会组织自我生存的活动空间、组织权限，扩大其影响和活动范围，给予必要的经济支持、平台和制度保障。对于不同类型协会的管理，更需要简政放权，对于像科技爱好者组织、学术组织、行业协会、公益组织、维权组织等非盈利机构，不能按市场化的公司管理来对待。对于公益性组织应该积极鼓励，取消制度掣肘，理顺管理关系，给予更多的独立性，积极发展公益性第三部门。但底线是任何组织和个人都必须在制度和法律框架内活动，接受政府的监督与管理，定期向政府相关部门汇报工作情况。让更多的社会组织在维护最广大人民根本利益上起到辅助作用，在营造社会和谐、增强社会发展活力方面积极有为，在建立平安社区、平安中国、社会安定有序上发挥作用，在批评政府、监督党政机关、杜绝腐败方面依法理性地发出声音。

第三，打造共建共治共享的社会治理格局。习近平总书记明确提出，要加强社会治理制度建设，打造共建共治共享的社会治理格局，这是社会治理优化的根本遵循。社会治理现代化是国家治理体系和治理能力现代化的题中应有之义。社会治理是社会主义建设的一个重大课题，需要标本兼治，既要以安全与稳定为实践要求，破解社会治理难题，又要从源头上预防和减少影响社会和谐稳定的问

---

① 魏礼群：《积极推进社会治理体制创新》，《行政管理改革》2014年第8期。
② 《中共中央关于全面深化改革若干重大问题的决定》，《人民日报》2013年11月16日。

题发生,维护确保平安中国和和谐中国。当前利益结构更复杂、需求系统更多元、阶层分化更多样、参与热情更高涨,社会治理面临的形势环境更为复杂。要发展,也要稳定,要维权,也要维稳,要活力,也要秩序,要创造,也要因循。精准把握当前和今后一段时期我国社会治理面临的形势和环境基础,突出人民性、党性、集体性,正确处理人民内部矛盾,用好人民群众、社区群众、基层群众共治的热情,宣传好共治的法律和法规,让百姓切实共享共治的成果。按照总书记的"社会治理的重心必须落实到城乡、社区"要求,做好基层社区建设,推动社会治理重心向基层下移。总结社会治理实践新经验,推广"枫桥经验",交流新做法。逐步实现社会治理社会化、法治化、智能化和专业化。

三、协调维度的国家治理体系和治理能力现代化

国家治理体系、治理能力、治理范围和治理内容涉及广泛、繁杂,没有协调就没有体系化的可能,失去联动,治理也只能头痛医头脚痛医脚,不能达到全国一盘棋的治理体系和治理能力现代化的实际目标,更无法完善中国特色社会主义。必须在协同上做好文章,真正发挥好党总揽全局、协调各方的作用,使各个治理主体、不同治理体系、顶层治理与社会治理之间实现既有合理分工,又能形成统一合力的协调框架。从顶层设计入手,理顺党与政府、政府不同部门之间的权责关系,建立统分结合、收放平衡、分工合理、权责匹配的相互制约平衡协调的治理机制。"可以看出,对国家治理体系的基本结构的认识可以是多层次、全方

位、多视角的。现代国家治理体系是一个系统，是一个有机整体，具备系统性、整体性、协同性，应该也可以囊括不同的构成要件。从发散的思维与宏观的角度来看，国家治理体系是一个以制度为中心的宏大系统，这个系统既包括作为制度指导的价值，也包括贯彻制度的基本行动。"①

1. 治理的协调原则

治理本质是权责向更优治理的再分配和以人民为中心的利益主体的相互协调。这意味着政党也必须朝着现代化方向转型，确保在现代化执政党的主导下有序推进法治建设。党的十八届三中全会指出："全面深化改革必须加强和改善党的领导，充分发挥党总揽全局、协调各方的领导核心作用。"习近平总书记指出，"必须是全面的系统的改革和改进，是各领域改革和改进的联动和集成，在国家治理体系和治理能力现代化上形成总体效应、取得总体效果"。库伊曼认为："治理的任务主要在于系统的构建（解构）与协调。"②"国家治理能力，是运用国家制度管理社会各方面事务，使之相互协调、共同发展的能力。"③所以说，治理务必是有系统的协调推进，治理首先表现为规则系统、协调能力建设，党集中领导下的有序控制与协调过程。

"党委领导、政府主导、社会协同、公众参与、法治保障的社会治理体制"原则体现出分工与统筹的主与次、分与合的权益原则辩

---

① 郑吉峰：《国家治理体系的基本结构与层次》，《重庆社会科学》2014年第4期。
② 让—皮埃尔·戈丹：《何谓治理》，钟震宇泽，社会科学文献出版社2010年版，第97页。
③ 林振义：《如何认识推进国家治理体系和治理能力现代化？——三谈深入学习贯彻十八届三中全会精神》，《光明日报》2013年11月28日。

证关系。中国共产党作为先进的领导党与执政党，居于治理的核心主导地位，负责协调统筹、治理主次安排、把握治理方向、规避治理风险、减少治理失误、制定公共政策、整合政治资源，协调多元主体、挖掘治理潜能、发挥社会治理优势、互补治理瑕疵、平衡治理短板，将分散多元的治理力量整合成一个有效的治理结构。比如，"四个全面"战略布局需要协调推进创新、协调、绿色、开放、共享新发展理念，推进政治文明建设、经济建设、文化建设、社会建设、生态文明建设，推进"一国两制"和祖国统一，妥善处理外交战略，加强国防和军队建设，党要管党、从严治党等，必须全国一盘棋协调筹划、统筹推进，才能在协调战略、联动机制中形成党管全局协调各方的治理主线，形成科学执政、依法执政的执政主线，协调好四个全面的战略目标，均衡好国家总体布局，落实好新发展理念，确保国家安全战略，供给优美生态环境、外交战略等在内的相对严密的体系和理论框架。系统论揭示出国家治理和社会治理的层次性、整体性和协同性，不同治理组成了治理系统的一部分，每一个横向和纵向的系统又具有自身的层次结构，又有其相对独立的子系统，实现这些不同层次、不同系统的联动和协调，必须有整体性把控，用统分结合的方法来研究其整体和部分的关系，促进各个要素、系统、子系统之间的协调，形成平行四边形的法则效应，实现国家治理体系和治理能力的整体提升。

马克思社会结构理论的显著特征是阶级性、系统性、整体性和协同性。该思想认为社会结构是由不同的阶级组成的，代表不同的利益诉求；也是一个由各要素组成的系统，而每一个系统又都有其特定的结构，每一个结构都是由其子系统构成；必须把社会作为一个整体来研究。要认真分析社会结构各要素及其相互关系，以便对社会发展变化的原因做出解释；社会结构的内在要素以某种相对稳定的方式联结在一起，表现出一定的协同性，正是因为结构要素各自之间的这种协调、协作形成了协同效应，推动了事物的发展。

2. 健全利益的协调机制

治理结构和安排的变化，往往也会牵动着利益的变化，国家对市场经济的深化变革、经济治理能力、宏观经济的协调驾驭能力都体现出现代国家制度在"调动和协调社会资源"方面的重要意义。[①]国家治理与社会治理中的"强制机制、汲取机制、共识机制、监管机制、协调机制、表达机制、整合机制、再分配机制"[②]，本质都是利益协调机制、利益优化机制和效率改进机制。

第一，治国理政重在谋发展、搞建设，统筹好群众的现实利益和长远利益，兼顾好群众的个体利益和集体利益、局部利益和整体利益，围绕涉及群众利益的事项处置好部门利益和人民利益、效益和公平问题，不断优化健全利益保护机制。从人民群众利益高度，把改革发展成果更多惠及百姓，围绕教育、就业、医疗、养老、住房等民生问题真正实现学有所教、劳有所得、病有所医、老有所养和住有所居，让群众得到实惠、分享成果、看到希望、人生出彩，

---

① L. Weiss and J.M. Hobson, States and Economic Development: A Comparative Historical Analysis, Cambridge: Polity Press, 1995, p.3.
② 胡鞍钢、王绍光、周建明：《国家制度建设——第二次转型》，清华大学出版社2003年版，第10页。

在国家治理现代化中放飞梦想。治理改革，是要动奶酪和蛋糕的，建立利益相关方的协调机制，在稳妥中实现治理改进，对于那些被动了合理合法的奶酪的人，也应该有治理补偿机制，通过利益补偿解决矛盾。"在利益损害补偿方面，要确立由当地政府和运营企业共同建立的专项损害补偿，要明确损害补偿标准和范围，补偿要涵盖民众的经济利益、居住环境和健康损害等多方面。"①

第二，政府与市场良性互动和协调运作体现在既要"发挥市场在资源配置中的决定性作用"，又要"更好发挥政府作用"的相互协调。国家治理体系和治理能力现代化的动力来自人民利益的需要，充分发挥市场的作用，也是社会主义市场经济不断成熟的必然要求。正如《中国共产党章程（修正案）》把"发挥市场在资源配置中的决定性作用"写入党章，我们对市场作用的认识也在不断深化。但是，我们务必清楚，发挥市场在资源配置中的决定性作用并不是孤立的，而是始终与"更好发挥政府作用""推进供给侧结构性改革"紧密结合在一起的。既要利用市场的决定性作用，解决好经济领域中高度复杂化的生产关系，又要在政府与经济的良性互动和协调运作中保证制度属性和经济社会稳定。市场经济的自发性和自由性这个"看不见的手"内嵌着先天不足，政府宏观调控这个"看得见的手"的作用就是为降低市场运行的负面效应并充分发挥市场机制的生产和分配功能，不断矫正经济制度基础和优化经济治理环境，为国家治理体系和治理能力现代化提供物质条件。

---

① 杨朝飞：《完善社会治理体系与实现环保倒逼经济增长方式绿色转型》，《全球化》2015年第8期。

3. 优化国家治理现代化的整体联动效益和自我调节能力

第一，注重治理改革的系统性整体性的联动效应。"国家治理体系是一个制度系统，必须从总体上考虑和规划各个领域的改革方案，从中央层面加强对治理体制改革的领导和指导，防止出现碎片化、短期行为、政出多门以及部门主义和地方主义。"[1]国家治理体系是"治理主体、治理目标、治理过程的改进和治理过程的稳定等因素，在国家政治体系层面上相互协调，进而整合成的有机系统和动态机制群"[2]。深化经济体制改革，深化政治体制改革，深化文化体制改革，深化社会体制改革，深化生态文明体制改革和深化党的建设制度改革，这"六大改革"必须体现改革的系统性、整体性和协同性效应。制度更加成熟定型体现在治理更有水平上，人民更有获得感体现在发展更有质量上，"五位一体"总体布局需要统筹推进，"四个全面"战略布局必须协调推进。而所有这些，都是完善社会主义制度必须兼顾的系统性、全面性和协调性。正如不能割裂国家治理体系现代化和国家治理能力现代化的联系那样，"六大改革""四个全面""五大发展"都必须体现整体联动效应。

第二，越是成熟的制度就越是具有自我纠偏、自我调节的功能。随着治理的主体多元化、结构多极化、层次和领域的扩展，各领域之间的关联衔接和各项治理措施的耦合是确保治理机器高效运行的重要元件。不同领域、不同层级、不同部门、不同群体之间关联性和耦合性黏合度，就像齿轮和润滑油的效果一样，需要进退得当、

---

[1] 秦宣：《推进国家治理现代化的方向和路径》，《人民日报》2016年6月22日第7版。
[2] 丁岭杰：《国家治理体系的制度弹性研究》，《安徽行政学院学报》2014年第2期。

环环相扣，正如杨雪冬指出的那样，"该中央统一安排的各地不要抢跑，该尽早推进的不要拖延，该试点的不要仓促面上推开，该深入研究后再推进的不要急于求成，该先得到法律授权的不要超前推进"，必须考虑综合协调效益，追互补的求联动价值。

第三，确保整体效果，体系与体系之间需要留下耦合转化的空间。制度设计从来都不是严丝合缝的，一方面，治国理政的决策科学性也是随着时间、经验不断磨合优化的，所以制度起初总会有更多的缝隙；另一方面，制度与制度之间也需要回旋余地，留下自洽和自我调节的幅度。好的治理本身因顺应历史趋势，符合人民利益，会产生良性的自洽能力、修复能力、纠偏能力和自我调适能力。从宏观上看，国家治理体系不是简单的分层结构组合，而是能不断适应新的社会政治环境、治理对象与权益主体诉求的动态自我调节系统。治理既需要不断优化甚至定型化的制度安排，也需要有与时俱进的自我调节能力和适度的开放视野。自闭的系统、封闭的结构、一成不变的治理结构不可能实现自我调节，这种有效弹性的存在得益于"体系合法性的持续、治理主体和公共善的包容性以及公平分配权益的有效。这些特征都依靠国家治理体系的改良柔性。在一定的社会资源状况和技术水平的前提下，受到新的公众利益诉求和公共伦理的规模压力，国家治理体系通过调整直接的治理目标、治理主体的范围和治理的运行方式，来实现以上几个适应性特征"①。改革与治理总是先易

---

① 丁岭杰：《国家治理体系的制度弹性研究》，《安徽行政学院学报》2014年第2期。

第四章
如何实现治理体系和治理能力现代化

后难,"容易的、皆大欢喜的改革已经完成了,好吃的肉都吃掉了,剩下的都是难啃的硬骨头"①。这标志着改革已经从前半程转入后半程,而后半程主要的历史任务就是"完善和发展中国特色社会主义制度,为党和国家事业发展、人民幸福安康、社会和谐稳定、国家长治久安提供一整套更完备、更稳定、更管用的制度体系。这项工程极为宏大,零敲碎打调整不行,碎片化修补也不行,必须是全面的系统的改革和改进,是各领域的改革和改进的联动和集成,在国家治理体系和治理能力现代化上形成总体效应,取得总体效果"②。就像党的十八大以来习近平主席和中央军委推进强军兴军改革那样,仅仅是军队反腐,那只是零敲碎打、修修补补,不能真正实现适应信息化战争的强军梦,所以要领导体系重塑、战区布局整合,不仅仅是动"棋子",而且要重新确定"楚河汉界""棋盘阵眼"。扭转信息碎片化、功能碎片化、权威碎片化和治军碎片化局面。正如总书记强调的那样:"越是难度大,越要坚定意志、勇往直前,决不能瞻前顾后、畏首畏尾……,只要全军统一意志,敢于啃硬骨头,敢于涉险滩,就没有过不去的火焰山!"③过了火焰山,前途会更加光明,兴军强军才有希望。

第四,推进跨区域治理的协调机制建设。在中国地方政府层面,相当程度呈现着碎片化,如三不管地带、政府职权划分不清、管理权限交叉重叠、九龙治水等问题,"破除地方治理碎片化,协调地方

---

① 《习近平关于全面深化改革论述摘编》,中央文献出版社2014年版,第51页。
② 《习近平关于社会主义政治建设论述摘编》,中央文献出版社2017年版,第7页。
③ 《习近平关于全面深化改革论述摘编》,中央文献出版社2014年版,第119页。

政府关系，成为考验地方整体治理能力的当务之急。其横向关系理性化逻辑的核心，是如何从分治走向合治，关键是提升由地方政府沟通力、合作力、协作力、竞争力构成的地方政府合作治理能力"[①]。随着经济流动性加大，信息基础上的经济交往界限越发模糊，治理理论、治理手段和治理能力也必须与时俱进，比如京津冀、长三角、泛珠三角等都属于跨省份的大区域概念，特别是雾霾治理更具有跨区域特征，在京津冀、长三角等跨区域经济共同体建设中，在流域治理、交通、环保、医疗报销等方面，依然存在不少条块分割的问题，如省界、市界断头路的存在，雾霾治理的效果不显著，异地医疗保险结算难等问题。跨区域治理现状，决定了需要建立高于省级、低于中央的一种跨区域协调机构，未来雄安新区的建设同样需要河北、天津、北京的联动。如何实现跨区域治理的长效化，确实需要设立中央级的跨界治理实体性机构或部际联席会议制度。特别是长江沿江经济带，长江流域的治理跨越更多的省份，需要更多的协调联动。

四、适应社会主要矛盾转化的国家治理体系和治理能力现代化

党的十九大报告指出，中国特色社会主义进入新时代，我国社会主要矛盾已经转化为人民日益增长的美好生活需要和不平衡不充分的发展之间的矛盾。从十八大的"三个没有变"到十九大社会主

[①] 沈荣华：《提升地方政府治理能力的三重逻辑》，《中共福建省委党校学报》2015年第1期。

要矛盾的转化，恰恰说明这5年的不平凡。这个转化既是中国生产力发展的阶段性成就的确证，也是对未来中国优化生产力发展方向和格局的正确把握。面对"人民不断增长的物质文化需要"转化为"人民日益增长的美好生活需要"，"落后的社会生产力"转化为"不平衡不充分的发展"，如何通过生产力的平衡发展和充分发展来化解这个矛盾，这是新时代中国必须回答的事关全局的首要难题。当前我国人民需求内容和需求层次的变化引发社会主要矛盾的转化。从积极方面看，中国即将实现全面小康，解决13亿多人同步进入小康社会的世界难题；另一方面，要满足人民日益增长的对美好生活的需要，必须解决发展不平衡和不充分的问题，这就对党的领导能力、治理能力、法治政府与法治社会建设能力、生态文明建设能力、宽带网络建设、养老服务供给、教育均衡实现、个性化服务、智能化服务等方面提出了新挑战，化解发展不平衡和不充分的难题更显紧迫。人民的需要更加自我化、个性化、优质化、享乐化，对供给不足或不及时的容忍度也会相应发生变化，社会风险的不确定性也将增大，可预见和不可预见的矛盾也会随之而来。新时代化解社会主要矛盾，意味着更大责任、更大挑战、更大的风险，也意味着必须提前布局，未雨绸缪，瞄准共同富裕，把人民日益增长的美好生活的需要融入中华民族伟大复兴和中国梦的实现过程，一体化推进。如果说在追求"温饱"的欠发达阶段，人民的物质文化需求还是比较单一，只要保证基本的物质供给和一定的精神文化生活，通过政府粗放的管理就能实现，那么到了人民群众日益增长的美好生活需求的时代，随着需求层次从简单地填饱肚子向更高层次、更多样化发展，政府必须在生产力的均衡发展、创新发展、充分发展、国家治理、政府管理等方面积极应对这些挑战。

1. 通过优化治理更好解放生产力

坚守历史唯物主义立场，坚持以人民为中心的发展理念，落实创新驱动国家发展战略，不断释放出更多生产力，努力化解生产不充分难题，全方位满足人民对美好生活的新需求。中国社会主义建设和改革之路，正是"运用马克思主义基本理论和方法，结合中国实际才逐步弄清社会主义初级阶段生产力与生产关系、经济基础与上层建筑的关系，解决什么是社会主义、怎样建设社会主义问题，找到建设中国特色社会主义之路"①。实践证明，生产力与生产关系、经济基础与上层建筑矛盾良性运行时，生产力就发展，社会就进步；矛盾运行不良时，社会就停滞、混乱。当前，社会主义生产关系及其上层建筑从根本性质上说是适合生产力的发展要求，因而必须坚持。但在一些具体环节、体制、机制上，仍存在不少不适应的情况，所以又需要通过改革加以调整和完善。卢卡奇和阿尔都塞都认为经济基础和上层建筑之间不存在单向决定与被决定关系，而是存在双向决定与被决定关系，即主张经济基础和上层建筑之间的决定地位是可以互换的，也就是主张政治、经济、文化、理论之间彼此轮流起决定作用。②哈贝马斯也认为生产力和生产关系的理论已经不合时宜，应该由劳动和相互关系所取代。类似观念明显有悖唯物史观。"先有经济基础，然后才有上层建筑，或者先有经济基础的各种

---

① 陈先达：《马克思主义和中国传统文化》，《人民日报》2015年7月9日第7版。
② 陈学明：《"西方马克思主义"命题辞典》，东方出版社2004年版，第320—321页。

因素，然后上层建筑的因素才会产生。"① 当然，马克思关于经济基础与上层建筑的划分只是截取了社会静态的横断面，并不能完整地反映一个社会内部的政治、经济、文化、生态与社会的动态发展需求。现阶段我国经济社会发展中要解决两大层次的协调：一个是要推进生产力与生产关系、经济基础与上层建筑相协调，解决生产力不充分问题；另一个是要推进经济、政治、文化、生态、社会建设的各个环节、各个方面相协调，以促进平衡。正确处理"生产力和生产关系、经济基础与上层建筑之间的矛盾，保证生产关系和上层建筑的变革能够真正适应当代中国生产力发展的状况和要求，而不致陷入主观随意性"②。所以要加强顶层设计、整体谋划，增强各项改革的关联性、系统性和协同性。

创新是解决生产力发展不平衡和不充分难题的最重要载体，积极实施中国制造业大变革，倡导工匠精神，不满足于创新驱动发展战略的已有成果，不停步于高铁、航空、天宫、蛟龙、天眼、"悟空""墨子"、大飞机、支付宝、共享单车等重大科技成果，必须让创新型国家建设创建更丰硕成果。依据《中国制造2025》，全面部署实施"制造强国"战略，开启转型升级战略新征程，抢占智能制造高地。社会的物质资料生产的技术方式制约着人们的需求方式，技术把产品对象化或者物化的过程，就是一个对产品、理念、设计的人化的同步，也是满足人的需求的同步和激发新需求的起点。技术变革会引发新需求，发展又创造新需求，只有不断均衡生产力发

---

① 《艾思奇全书》第6卷，人民出版社2006年版，第317页。
② 中共中央文献研究室编：《十三大以来重要文献选编》上，人民出版社1991年版，第58页。

展和充分发展才能更好满足人民日益增长的不单是物质化的美好生活需要。

2. 通过优化治理结构解决发展不平衡的问题

面对国家整体上发展不平衡的问题,继续实施西部大开发战略,重振东北重工业基地,依托各省资源和地域优势,改进国家"梯度发展战略",加大实施东部地区对口支援西部,先富起来地区反哺欠发达地区的部署。21世纪以来,通过实施推进西部大开发、振兴东北地区等老工业基地、促进中部崛起等战略,我国形成了比较完善的区域协调发展路径,围绕中西部人民日益增长的美好生活的需求,始终把民生建设挺在前面。近年来,中西部在综合实力、基础设施建设、生态建设和环境保护、人民生活水平、改革开放等方面已经取得很好的业绩。但我国各区域经济社会发展不平衡问题依然比较突出,"木桶"原理告诉我们,各区域各领域各方面的发展短板,必然制约整体发展水平的提升;落后区域、滞后领域、短板方面的发展不充分问题,必然牵制着满足人民美好生活需要的若干要件。立足于新的历史方位、新的时代坐标,瞄准共同富裕来谋划未来,如何实现生产力的平衡发展、充分发展呢?国家需要进一步理顺区域间基本利益关系,对于在重振东北重工业、中西部大开发中,非规划产业项目环评一律不接受,不许走先污染后治理老路,不搞"一代人政绩、几代人灾难"的短视发展,而是要结合当地的资源优势、交通环境实施可持续发展的重振和大开发。进一步号召军队参加和支援西部大开发,在西部地区交通、水利、能源、通信等重点工程和基础设施建设中发挥支撑作用。中央应采取更强有力的措施,促进区域协调发展,实现东西南北中共同繁荣、工农商学兵共同富裕的发展,把满足中西部地区人民日益增长的美好生活的需要落到田间地头、乡镇村落、账单上、菜篮里。

3. 优化城乡治理平衡,实施精准扶贫和反哺策略

乡村要振兴,农业要发展,农民要富裕,让农村成为安居乐业的美丽家园,不许优化城乡治理结构,建立健全城乡融合发展体制机制和政策体系,加快推进农业农村现代化、治理法治化、扶贫精细化。化解城乡二元结构难题,决胜全面建成小康社会,实施精准扶贫、技术扶贫,兜底解决贫困人口的生存难题,小康路上不让一个人掉队,不让一个少数民族的同志掉队,力争到2020年全面建成小康社会,推动城乡基本公共服务均等化。解决城乡二元结构难题,重点还是要从群众最关心的医疗、教育、就业、社保、住房、养老等方面入手消除农民的后顾之忧。小康路上、扶贫路上,乃至今后的共同富裕路上,都不能让一个人掉队,这是党和政府的决心,也是制度赋予党和政府的使命担当。基本公共服务是公共服务中最基础、最核心的部分,也是人民实现美好生活需求的起点,它与人民群众最关心、最直接、最现实的切身利益密切相关。在城市化道路上,结合基本公共服务供给制度改革,促进有条件、有意愿的农民工及家属在城镇有序落户并平等享受基本公共服务。目前,对于乡村人民日益增长的美好生活需求,包括教育、医疗、社会保障等在内的城乡基本公共服务标准差距较大,优质基本公共服务供给的城乡与区域不均衡问题突出,农村公共服务严重滞后,可及性差。除了市场手段,更需要通过政策支撑、财力倾斜、转移支付等手段来护航"三农",帮助寻找具有区域比较优势的产业价值链,并搭建融资平台。中央提出实施乡村振兴战略:"要坚持农业农村优先发展,按照产业兴旺、生态宜居、乡风文明、治理有效、生活富裕的总要求,建立健全城乡融合发展体制机制和政策体系,加快推进农业农村现代化。"①分步骤努力实现基本公共服务在城乡之间、不同区域之间数量合理、质量相近、方便可及和持续优化。探索户籍改革,扩大林权改革,打破户籍限制、土地依赖,形成以工促农、以城带乡、工农互惠、人才双向流动、土地自由流转、以土地换股权的城乡一体的新型工农城乡关系。

4. 满足人民日益增长的美好生活需要

准确把握人民对物质、精神、尊严、养老、信息、住房、民主、法治、公平、正义、安全、环境等方面的需求日益增长的趋势,从政治、经济、文化、生态、社会"五位一体"方面综合推进国家治理体系和治理能力现代化,促进生产力发展,释放更多发展潜能,积极解决发展不充分的问题,满足人民群众日益增长的美好生活需要。无视这些新变量,则无法贯彻以人民为中心的发展理念,无法实现人民需要的治理体系和治理能力现代化。人民对温饱的追求更多地体现为对物质产品单一向度上的量的积累,而小康社会的需求则更多体现为沉甸甸的"质"的变化。新时代的中国特色社会主义思想必须关注人民对更高的收入、更好的精神产品、更好的教育、更好的医疗、更美的环境、更好的将来等方面的多元化期盼。随着

---

① 习近平:《决胜全面建成小康社会 夺取新时代中国特色社会主义伟大胜利——在中国共产党第十九次代表大会上的报告》,人民出版社2017年版,第32页。

人民美好生活需要日益广泛、多样、多元、个性化发展，人们对能源、资源、环境、精神产品、信息服务、智能产品优质化需求也必将与时俱进。

立足于人民日益增长的美好生活需求，借助于互联网、物联网、可视技术、云端技术、3D技术和精细化加工不断提升个性化定制服务能力。在2016年《政府工作报告》中，李克强总理指出："鼓励企业开展个性化定制、柔性化生产，培育精益求精的工匠精神，增品种、提品质、创品牌。"[①]消费需求结构的变化和个性化发展，使得消费者与生产企业之间的边界越来越模糊，企业根据消费者的个性化需求，如款式、颜色、外观、尺寸等要求进行定制化产品提供，消费者则不单纯是消费者，而是变成了产品的设计者和生产的参与者。当前，已经衍生出很多定制服务，如定制礼品、定制旅游、定制金融、定制茶园、定制公交、定制通勤、定制扶贫、定制水稻、定制汽车、定制电器，随着人工智能发展，借助深度学习处理器芯片实现定制"大脑"也将成为可能。光是定制旅游，又能根据多元化需求细分出蜜月定制旅游、修学定制旅游、医疗定制旅游、投资定制旅游等。技术创新引导消费变革，而消费多元和个性化又引导企业变革，促进企业向以物联网为依托的智能制造高地挺进。未来的企业不再局限于围墙内的生产，而是要打破围墙走向社会，进行可视化生产。标准化生产将在基本技术不变的基础上逐步转向柔性化生产，生产系统与库存管理也将依据物联网再造。商品的个性化

---

① 李克强：《政府工作报告——2016年3月5日在第十二届全国人民代表大会第四次会议上》，《人民日报》2016年3月18日第1版。

和符号化必将一改传统产品的死板与冷漠,而体现更多人性的温情和温度,无缝契合人民日益增长的美好生活需要,并不断衍生出新的需要。

5. 把社会主要矛盾转化变成实现治理现代化的新动能

矛盾是社会进步的杠杆,唯有认清社会主要矛盾的转化这一事关全局的历史性变化,才能为制定新时代行动纲领提供科学的学理阐释和现实依据。新时代面对新的社会主要矛盾,我们一定要积极应对,任何游移、懈怠、观望都是对人民的失责。中国共产党代表先进生产力的发展方向,依托于中国特色社会主义制度安排,长期为共同富裕而努力奋斗。中国向贫穷开战,实现全面建成小康的伟大实践仅仅是社会主义建设征程中的一小段旅程,生产力发展不平衡不充分的问题在相当长的一个时期内依旧会困扰我们。要想开启迈向美好生活的新征程,必须靠行动来不断满足人民日益增长的获得感、幸福感、安全感、尊严感、优美感、艺术感。党和人民唯有拿出时不我待、创新图强的精神,不忘初心和使命,东西南北中统一步调,工农商学兵同心同德,怀着"不破楼兰终不还"的决心,共同推进为中国人民谋幸福,为中华民族谋复兴的伟大事业,走好新时代的长征路、复兴路,人民日益增长的美好生活需要就一定能得到满足,共同富裕的愿景就一定会变成现实。

第五章
走向全球治理

中国倡导加强全球治理，目的在于集合最大力量来共同应对在各国日益紧密的联系中可能引发的唇亡齿寒的风险与挑战。随着全球流动性加剧，贸易投资自由化日益深化，单纯的经济型治理组织，如跨国公司、世界银行、国际货币基金组织、世界贸易组织、国际清算银行等缺乏强制性的国际组织已经不能适应全球治理形势的需要。而随着全球经贸格局的变化，不同国家国际地位的变动，国际经济格局的深刻调整，一些新的政治组织的产生，如金砖国家崛起，二十国集团（G20）在全球经济治理体系中的地位上升，更说明全球治理需要更多平台，而全球经济治理体系价值的碎片化与低效率更是与世界各国之间深度和广度联系的事实不相符合。全球经济治理体系加速变革的背后，需要搭建更加公正合理的政治治理格局的呼声也越来越大。中国方案作为推进全球治理改革的新智慧，就是要以人类命运共同体理念和"一带一路"倡议引领全球经济治理体系变革。"随着世界格局的深刻调整，全球经济治理体系的决策机制正在从美国一国主导演变为'集体领导'。"①"中国作为一个负责任大国，也有话要说。中国坚定维护联合国权威和地位，积极履行应尽

---

① 隆国强：《全球经济治理体系变革的历史逻辑与中国作用》，《人民日报》2017年8月28日第7版。

的国际义务和责任，信守应对全球气候变化的承诺，积极推动共建'一带一路'，始终做世界和平的建设者、全球发展的贡献者、国际秩序的维护者。中国人民愿同各国人民一道，共同开辟人类更加繁荣、更加安宁的美好未来。"①

一、全球危机呼唤全球治理

对于一个组织来说，员工会随着工作量、工作氛围、效益、个人能力、环境适应性的变化和不同而产生积极或消极情绪，很多怨恨感和憎恨感的存在，对组织来说就是一种风险，对于国家来说，这种怨恨心理形成和积聚则变成社会风险的重要根源。在社会大变革时代，社会变革带来的蛋糕重新分割、竞争引发的个人沉浮、利益分化和一些社会群体的利益相对剥夺感会加剧怨恨积聚。伴随着互联网的介入，国家治理已经越来越难以摆脱社会怨恨情绪的困扰。而走出国门的怨恨情绪往往又和宗教问题、民族问题、种族问题、恐怖问题联系在一起。还有国际之间的竞争、国与国之间的核武器较量、全球生态恶化等，都在不断集结风险。风险正在走向全球化，世界呼唤通过全球治理控制和化解全球风险。

1. 全球治理现代化必须正面应对全球风险

风险从具体性危险向更大范围转化，这本身标志着人类的实践行为在时间和空间两个向度上的不断突破，向纵深发展。所以对于风险社会来说，表现的是两个向度上的隐忧，一个是时间向度上，

---

① 《国家主席习近平发表二〇一八年新年贺词》，http://www.chinanews.com/gn/2017/12-31/8413457.shtml。

对未来社会发展的不确定和不安全性的担心、焦虑和警示;另一个是在空间向度上的拓展,由一个狭小区域内发生的事情,正在向另一个区域蔓延或更多区域,从而造成在灾难上的更多关联者。这两个向度上的扩大化,足见风险的社会化效果。风险社会不一定就是灾难的社会,只是预设着某种紧急灾难状态有变成常规灾难的状态的危险,它仅仅表明有害事情的发生率增长所产生的负面影响程度在增加,正如吉登斯所说,"风险指的是在与将来可能性关系中被评价的危险程度"①。从积极意义上,吉登斯甚至认为"风险是一种致力于社会变化的推动力"②。简单而言,推动社会的变化就是要改变现代社会大工业化生产的发展模式、技术至上的社会演进路径,改变单一的经济效益指标,直面环境和生态的考验,直面各种人为灾难和风险的逼问。

治理与管控全球风险,就是要给社会发展的未来找到安全的出口,"它(风险社会研究)孜孜以求的是另一种抱负:在仍旧占优势地位的过去面前,改变正开始形成的未来"③。风险社会的主题和分析视角是必须处理我们文明内部的人为的不确定性:风险、危险、副作用、可保险性、个体化及全球化。很多风险往往是无效治理导致的,甚至制造出来的。"被制造出来的风险,指的是由我们不断发展的知识对这个世界的影响所产生的风险,是指我们没有多少历史经

---

① [英] 安东尼·吉登斯:《失控的世界》,周红云译,江西人民出版社2001年版,第18页。
② [英] 安东尼·吉登斯:《失控的世界》,周红云译,江西人民出版社2001年版,第18—22页。
③ [德] 乌尔里希·贝克:《风险社会》,何博闻译,译林出版社2004年版,序言第2页。

验的情况下所产生的风险。"①面对现代文明的发展,面对大工业的泛滥,传统的秩序和控制逻辑出现问题。面对已经确证的风险,社会学家、政治家、官僚体系、人类学家以及普通大众,都将关注的重点转移到了对我们自己制造的风险的有限控制能力上。"换言之,风险社会主要问题:在认为的不确定的状况下如何做出决定。这种人为的不确定状况不只是知识基础不完全的结果,而是更多更好的知识往往意味着更多的不确定。"②

　　俗话说,危险的敌意总是隐藏在无害的面具后面,现在是时候揭开这些面具了,只要简单撩一撩面纱,我们就能看到,民族国家所面临的种种政治风险、社会风险与经济风险。宋林飞总结了西方学者对三种风险的一般理解③:政治风险是一个国家可能与另一个国家发生战争或因外敌入侵、内战、恐怖事件而造成的混乱、意识形态分歧、经济利益冲突、地区性冲突以及党派斗争等因素造成的风险;社会风险是所得分配不均、政府施政对抗、结社群斗、失业人口增加而造成社会不安、宗教纠纷、社会各阶级对立、社会发生内争等因素引起的风险;经济风险是经济萎缩、罢工、失业率增加、生产成本大幅上升、出口收入剧减、出口竞争能力低落、外销价格大幅滑落、粮食与能源进口大幅上升、外汇枯竭、货币大幅贬值等因素引发的风险。面对种种风险,我们特别期望这些风险是"可测定的不确定性",因为那样我们才好驾驭它。

---

① [英]安东尼·吉登斯:《失控的世界》,周红云译,江西人民出版社2001年版,第22页。
② 冯必扬:《不公平竞争与社会风险》,社会科学文献出版社2007年版,第49页。
③ 宋林飞:《中国社会风险预警系统的设计与运行》,《东南大学学报》1999年第1期。

2. 治理现代化必须预防风险的国际化

"这个世界正急匆匆地走向它的尽头。"在《失控的世界》开篇吉登斯就表达了自己对当代社会风险放大的焦虑。吉登斯这样的论调总体上不是理性的，只是在警醒我们问题的严重性。随着风险的放大，局域风险向世界风险转变，可控制责任向不可控制责任转变，责任主体相对明确向责任主体模糊转变，关注当下伦理向关注未来伦理转变，民族伦理向世界伦理或普世伦理转变。正是基于现代文明的发展，才造就了放大的社会危险，当然也造就了前所未有的成绩。对这一点，托夫勒有准确的判断："可以毫不夸张地说，从来没有任何一个文明，能够创造出这种手段，能够不仅摧毁一个城市，而且可以毁灭地球。从来没有整个海洋面临中毒的问题。由于人类贪婪或疏忽，整个空间可以突然一夜之间从地球上消失。"①

风险社会是现代文明发展的一座火山，我们不知道何时被火山灰掩埋，但我们知道风险的不断放大，让我们离喷发的火山口并不遥远，面对这样的危险，悲观主义者认为"风险社会不是一种可以选择或拒绝的选择。它产生于不考虑其后果的自发性现代化的势不可挡的运动中"②。不考虑后果的运动，毫无疑问指的就是我们人类无节制开发自然、利用自然、掠夺自然、攫取自然，甚至造成反自然的种种不当行为。所以我们生活在这样一个社会里，"危险更多地来自我们自己而不是源于外界"③。

---

① 阿尔温·托夫勒：《第三次浪潮》，朱志焱等译，三联书店1983年版，第175页。
② 沃特·阿赫特贝格：《民主、正义与风险社会：生态民主政治的形态与意义》，《马克思主义与现实》2003年第3期。
③ [英]安东尼·吉登斯：《失控的世界》，周红云译，江西人民出版社2001年版，第31页。

第五章
走向全球治理

　　风险的社会放大有四层含义。第一,从影响范围、广度和深度上看,从单纯的个别性风险向多样化风险集中呈现;从以自然灾害为主的风险形式,向人为技术因素引发的风险快速转化;由低烈度低伤害向高烈度巨大灾难性伤害发展;从个别地区、国家的局部风险向核裂变、放射性废料、全球气候变暖等全球性风险跃进。第二,从风险的隐蔽性上看,由于技术风险,比如核技术、转基因技术、胚胎干细胞技术,往往因为很多专业的术语,让普通大众不得要领,从而也无法弄清风险程度,但是一旦发生,灾难程度极高。第三,由于各种极端人为灾难在世界各地不断发生,加剧了全人类对风险的恐惧感、焦虑感,从心理上放大了风险社会的影响效果,比如1985年英国疯牛病;1986年切尔诺贝利核电站事故;2001年9·11恐怖袭击事件;2010年甲型H1N1流感;2003年非典(SARS)肆虐;2010年墨西哥湾深水地平线钻井漏油灾难;2011年日本福岛核电站灾难,以及近年来不断增多的全球极端异常天气。人为灾难在世界各地不断上演,极大地刺激了人们的敏感神经,对风险的理解加深了,更具体了,所以风险也就放大了。第四,基于风险的不可计算性。社会风险是社会所难以承受的损失或影响,尽管有人认为关于这种不愿发生的不确定是"可测定的不确定性"①,但更多人认为,风险是不可计算的,这种不可计算是基于不可控制性和极难预测,更具有隐蔽性和发散性,"在有关世界风险社会的话语方面,有一点可能可以接受,即在技术工业发展过程中产生的威胁——以现

---

① 宋林飞:《中国社会风险预警系统的设计与运行》,《东南大学学报》1999年第1期。

存的制度性标准衡量——既不可计算也不可控制"①。再加上信息的不对称,就如同日本福岛核电站灾难,日本当局控制着真实数据,公布虚假数据。风险可以被利益相关方"改变、夸大、转化或者削弱。并就此而言,它们是可以随便被社会界定和建构的"②。同时,计算复杂、信息汇总过程失真、制度结构影响、社会团体参与、媒体声音正反悬殊,更是加剧了风险的不可测量。

3. 世界风险需要全球治理来解决

单一的世界被各自独立的不平等权力撕裂,被各种技术参数渗透,被巨大的利益链条撕扯,以至于我们要发问:世界的未来与谁站在一边?因为风险的客观分配在变化,对风险的经验和观念也在变化,昨天它是一个区域性问题,今天就是世界性问题,因为"世界是平的"③,英国的疯牛可以跑到欧洲乃至世界任何地方的餐桌上。世界的彼此联系空前强化了,"我们不是生活在一个世界主义的时代,而是生活在一个正在世界主义化的时代"。

随着累积的风险事故的不断发生,严重的风险灾难的绝对数量不断增加,使得社会正在成为世界风险社会。亦如我们提出的"和谐社会"理论,放到世界性范围内,我们则主张"和谐世界"。风险社会的不断升级与放大,自然也就演化成"世界风险社会"。现代世界中的风险主要表现在④:高强度意义上风险的全球化;突发事件不

---

① [德]乌尔里希·贝克:《世界风险社会》,吴英姿、孙淑敏译,南京大学出版社2004年版,第42页。
② [德]乌尔里希·贝克:《风险社会》,何博闻译,译林出版社2004年版,第20页。
③ 托马斯·佛里曼在《世界是平的》一书中得出结论,由于技术进步和社会协定的交合,"世界正被抹平"。
④ [英]安东尼·吉登斯:《现代性的后果》,田禾译,译林出版社2011年版,第109—110页。

断增长意义上的全球化;来自人化环境或社会化自然的风险;影响着千百万人生活机会的制度化风险环境的发展;风险意识本身作为风险,风险中的知识"鸿沟"的存在;分布趋于均匀的风险意识;对专业知识局限性的意识,使人们明白没有任何一种专家系统能够称为全能的专家。

面对世界风险社会的到来,贝克提出了世界主义来应对世界风险。世界主义化是全球资本主义的一个副产品。它包含了世界大国的关系,更实现了世界范围内的不平等。在世界主义化的时代,标准的界限不再是"国家建构",而是"世界建构"。"有人认为风险导致控制,因此风险越大,对控制的需求就越强烈。但是'世界风险社会'这一概念把注意力引向对风险——我们为自己制造的风险的有限控制的能力上。主要的问题是,在人为的不确定的状况下如何做出决定。这种人为的不确定状况不只是知识基础不完全的结果,而且更多更好的知识往往意味着更多的不确定性。"[①]一个不完整的世界正在发生更多的分化,国别之间灾难的联系和彼此制约性正在强化,区域性人为制造的灾难也正在由全球买单,规避全球风险的不二法门,就是积极探索全球有效治理。

二、无法回避的信息化时代的全球网络命运共同体

纵观世界文明变迁、时代跨越,人类先后经历了农业革命、工业革命、信息革命等大时代。每一次时代变革,都会给人类生产生

[①] [德] 乌尔里希·贝克:《世界风险社会》,吴英姿、孙淑敏译,南京大学出版社2004年版,第7—8页。

活带来深刻影响。理解新时代，一定不能仅仅停留在面上，必须下沉到本质属性上来认识。仅仅从时间节点上来理解新时代，显得单薄；仅仅从新时代中国特色社会主义思想是对马克思主义的发展，是中国化马克思主义的最新成果，甚至理解是马克思主义中国化的里程碑式的新飞跃，显得意识形态色彩浓厚，不利于把新时代思想变成世界话语向外推广。研究理解新时代，还必须从影响时代的本质属性上加以深化。当前，以互联网为代表的信息技术深刻变化，引领着社会生产新变革，激发着生活方式新样态，创造着人类生活新空间，创新着人类交往的新手段，拓展着国家治理新领域，预示着全球治理的新未来。在这一轮技术变革大潮中，中央已经清醒地认识到，我们必须高度重视互联网，积极融入互联网，力争网络主动权，推进互联网治理体系变革，使之更好地造福国家和人民。

1. 网络在改变世界的存在方式

中国积极参与国际互联网治理相关事务，依法管理互联网，强化国家间合作，共建网络空间命运共同体。不仅要让互联网发展成果惠及13亿多中国人民，也希望互联网造福全球，更好造福各国人民，造福人类。愿意参与推动互联网参与国家治理、全球治理，联手打击网络反恐主义、网络洗钱、网络色情、网络赌博、侵害个人隐私、侵犯知识产权、网络监听、网络攻击等全球公害活动。中国主张各国制定符合自身国情的互联网公共政策，正如习近平在第二届世界互联网大会开幕式上的讲话中指出："推动互联网全球治理体系变革，共同构建和平、安全、开放、合作的网络空间，建立多边、民主、透明的全球互联网治理体系。"①于中国浙江乌镇召开的第二、三届世界互联网大会主题分别是"互联互通·共享共治——构建网络空间命运共同体""创新驱动 造福人类——携手共建网络空间命运共同体"。这充分体现了中国政府致力于全球互联网共同治理的善良愿望。

第一，网络空间是人类共同的活动空间。全球有30多亿网民，有数据显示2016年全球67.4%网民使用社交网络，"走上云端""活在线上""购在网上""交在社交平台"正成为越来越多人日常生活的真实写照，即时通信正在实现全球村落化。你中有我、我中有你的网络格局正在把全球人民的命运拴在一起。网络空间使得国家间的相互联系与相互依赖达到了前所未有的程度，不仅仅是物质上的相互依赖，更是命运的相互联姻。跨越时空的互联网打破了有形或无形的国境线，作为没有边界、没有国界限制的互联网，正在成为人类共同的活动空间。网络安全威胁是各国面临的共同挑战，没有哪个国家能够独善其身。互联互通，"共享""共治"，造福人类，是全球已经达成的共识，也是面对网络空间构建命运共同体的现实需要。自1993年中国第一条64KB的互联网专线正式开通以来，中国就张开双臂热情拥抱，融入了世界互联网，互联网深刻改变着中国人的生产生活，推动着社会发展进步，中国是互联网的受益者，也为各国网络企业提供了广阔的发展机遇和市场空间。

做好互联网是全球共同事业，当前，互联网领域发展不平衡、

---

① 习近平：《在第二届世界互联网大会开幕式上的讲话》，《人民日报》2015年12月17日第2版。

规则不健全、秩序不合理等问题日益凸显。大家的事，应大家商量着办，发挥各国政府、国际组织、互联网企业、技术社群、民间机构、公民个人等主体作用，杜绝单边主义、一方主导或由几方凑在一起决策的暗箱操作。搭建沟通平台，营造沟通氛围，完善协商机制，大家共同研究制定全球互联网治理规则。

第二，面对未知远远大于已知的互联网，世界各国，特别是网络大国必须携手共同面对全球网络公害，谨记"合则两利、斗则俱伤"的古训。互联网是我们这个时代最具发展活力的领域，也是最具不确定性的领域。作为中国、美国等网络大国，在互联网上有着更多的共同利益，管制分歧，携手应对网络未来才是正途。数据显示，美国是中国互联网企业境外上市的主要目的地，中国互联网企业在美上市近50家，总市值近5000亿美元；中国是美国互联网企业的最大境外市场，大批美国互联网企业在中国投资兴业。应坚持把对话机制而不是"筑墙"作为中美就网络安全问题开展交流沟通的主渠道，及时、有效回应彼此利益关切，建设性管控分歧。中央编译局海外理论信息研究中心研究员俞晓秋指出：中美是世界上受黑客攻击、病毒侵袭次数最多、频率最高的两个国家，都是网络攻击的主要受害者。面对网络黑客攻击这一"共同威胁"，如国际恐怖组织利用互联网散播恐怖主义言论、招募恐怖组织成员、传播暴力色情、贩毒洗钱、网络犯罪、攻击关键基础设施、突破国家绝密信息防线、大规模网络攻击、破坏网络支付与网络信用、窃取商业机密、攻击信息技术产品的供应链等"全球公害"，中美唯有展开对话、交流、合作，共同遏制和打击全球日益猖獗的各种网络破坏行为，共商全球网络空间治理与安全事务大计。绝不能掉入对抗陷阱，损害两国实质利益，不利于世界互联网事业的发展。

美国人错误地认为：互联网是美国的发明，如果国际互联网秩序不是由美方主导，那就是对美国国家安全的威胁。作为全球共同的网络，中国主张，国际社会应该在相互尊重、相互信任的基础上，加强对话合作，推动互联网全球治理体系变革，共同建构全球互联网治理体系。不同国家之间应该尊重网络主权，尊重各国自主选择网络发展道路、网络管理模式、互联网公共政策和平等参与国际网络空间治理的权利。必须坚持同舟共济、互信互利的理念，摒弃零和博弈、赢者通吃的旧观念。提高开放水平，搭建更多沟通合作平台，创造更多利益契合点、合作增长点、共赢新亮点，推动彼此在网络空间优势互补、共同发展。网络没有绝对的自由，自由程度都是与国家的法律和利益相关的。中国坚定地认为，网络空间不应成为各国角力的战场，更不能成为违法犯罪的温床，维护网络安全不应有双重标准。"互联网不应是绝对自由的空间，少部分人的自由不能以牺牲其他人的自由为代价。互联网需要有序发展，应是有规则可循的空间。世界互联网大会正是搭建了一个平台，让全世界关心于此的国家和人士共同商讨建立一个更健康的互联网空间。"[1]让更多国家和人民搭乘信息时代的快车，共享互联网发展成果，共同迎接互联网的未来。

当今世界正在变成一个数字化星球，信息技术发展日新月异，

---

[1]《同心打造网络空间命运共同体》,《人民日报》2015年12月17日第6版。

瞬息万变，以万维网、数字化、虚拟化、智能化为特征的信息化浪潮蓬勃兴起，来势迅猛。不管我们对网络抱着何种态度，欢迎抑或抵触，事实证明没有信息化就没有现代化，只有掌握先进的信息技术、网络技术，才能抢占经济、文化、军事、社会和科技发展先机。网络正在改变传统政治生态，推动文化的内容、形式和传播方式变革，网络化背景下的军事斗争能力已成为国防实力的关键要素，网络向社会生活方方面面的渗透远未终结。建设网络强国，提升综合国力是中国网信事业发展的战略定位和必由之路。因为网络正在改变人类的生活方式和存在样态，这种被称为第五维的技术变革增强了人类脑力，延长了人类臂膀，引发生产力的裂变式提升，创造了新的生产奇迹，构建了新的发展方向，加剧了国与国之间的利益相关性，对全球政治、经济、文化、社会、生态、军事等领域发展产生了深刻广泛的影响。网络安全等非传统安全威胁对国际关系的影响迅速上升，在对国际关系带来挑战的同时，也增加了世界各国的共同利益和依存度。总书记指出："创造了人类生活新空间，拓展了国家治理新领域，极大提高了人类认识世界、改造世界的能力。互联网让世界变成了'鸡犬之声相闻'的地球村，相隔万里的人们不再'老死不相往来'。可以说，世界因互联网而更多彩，生活因互联网而更丰富。"①中国互联网络信息中心统计数据显示，截至 2018 年 12 月，中国网民总数达 8.29 亿，普及率达 59.6%。总书记指出："我国虽然是后来者，接入国际互联网只有 20 多年，但我们正确处

---

① 习近平：《世界因互联网而更多彩 生活因互联网而更丰富》，http://www.chinanews.com/gn/2015/12-16/7673626.shtml。

理安全和发展、开放和自主、管理和服务的关系,推动互联网发展取得令人瞩目的成就。现在,互联网越来越成为人们学习、工作、生活的新空间,越来越成为获取公共服务的新平台。① 如何推动我国网信事业发展,让互联网更好造福人民,如何正确处理好网络与安全的关系,赢得网络主阵地、话语权,事关人民福祉和国家长治久安。如何在网络全球化浪潮中贡献中国智慧,占领网络技术新高地,与热爱和平的世界人民一道,携手共建网络空间命运共同体是中国作为网络大国的世界性责任与呐喊。

2. 与全球各国一道有底线地构建网络空间命运共同体

网络空间命运,不仅包括互联网命运,还包括空间中的国家命运、社会安全、经济安全与全球安全。网络空间前途命运应由世界各国共同掌握。中国作为网络大国,主动承担起大国的责任和担当,举办世界互联网大会,就是希望各方通过交流、碰撞,认清休戚与共的现实,共同构筑安全屏障,共谋网信事业发展,让互联网更好地造福全世界。自接入国际互联网以来,中国按照积极利用、科学发展、依法管理、确保安全的思路,依从统筹推进、创新引领、驱动发展、惠及民生、合作共赢的基本方针规划网络发展未来。围绕开放、"一带一路"建设,加强网络互联,促进信息互通,加快构建网络空间命运共同体。在美国人的思维中,始终认为互联网是美国的发明,失去控制权对于美国就是不安全,这种思想是狭隘的。新加坡南洋理工大学高级研究员胡逸山指出,美国对网络安

---

① 习近平:《在网络安全和信息化工作座谈会讲话》,《人民日报》2016年4月26日第2版。

全的考量基础是其能否持续地主导全球互联网，因为互联网诞生与美国军方主持研发有着密切关系，美国更关心其在互联网技术等层面的运作进行主导。因此美国对网络安全的定义比较霸道：如果国际互联网秩序不是由美方主导，那就是对美国国家安全的威胁。为了更公正地构建世界互联网治理格局，在第二届世界互联网大会上，习近平主席提出5点主张：第一，加快全球网络基础设施建设，促进互联互通；第二，打造网上文化交流共享平台，促进交流互鉴；第三，推动网络经济创新发展，促进共同繁荣；第四，保障网络安全，促进有序发展；第五，构建互联网治理体系，促进公平正义。

中国愿意和世界人民一道，携手共建网络空间命运共同体。分歧总是有的，但共同利益远远大于分歧。中国愿意贡献我们的智慧，美国更该如此。自2003年至今，美国先后颁布《网络空间国家安全战略》《网络空间国际战略》《网络空间行动战略》和出台《可信赖网络空间：联邦网络安全研发国家计划》。对网络最具有前瞻性研究的美国，更应该懂得必须尊重网络主权，反对网络霸权；促进开放合作，摒弃零和博弈；维护和平安全，反对多重标准；构建良好秩序，保证网络秩序的重要性，倡导全球携手共建网络空间命运共同体的世界价值。

三、最终走向自由人联合体

"什么是人类的共同道路，什么是人类社会发展的普遍规律？从历史远景来说，不是少数人富裕的资本主义，而是公平、正义、共富、和谐的社会主义和共产主义。相对于人类存在数千年的阶级社会和剥削社会来说，消灭阶级、消灭剥削，建设一个公平、正义、共富、和谐的社会，才是人类的共同道路。"①卢梭说："人生而是自由的，但却无往不在枷锁之中"。"命运共同体"本质上是试图走向"自由"，但因制度、物质条件等种种限制而"不自由人的联合体"。在域外宜居空间未被发现，或者跨星球迁徙成本巨大时，我们必须理性应对人类赖以生存的唯一空间，"人类只有一个地球，各国共处一个世界"②。中国共产党以天下视野和站位看待国家治理，用全球眼光应对中国及世界未来，从依存格局看世界治理，积极倡导各国携手共建人类命运共同体，主张只有在全球更大范围内最大限度地整合经济要素和发展资源，才能形成天下共治的合力，每一国发展创造和平安宁的发展环境。正如习近平指出的那样："人类历史始终在不同民族、不同文化的相遇相知中向前发展。"③随着全球村落化，各国间深度交融，命运更加紧密，非有共建、共治、共享的新思维不可。人格化的国家之间增加彼此自由程度的最好策略，就是彼此兼顾的共赢路径，才能最终走向人与人格化的国家的自由。

1. 中国用共同体的天下视野回答人类未来命运难题

人类向何处去，中国与他国是什么关系，一国治理与全球治理如何共振，这是21世纪治国理政、世界发展必须回答的核心命题。中国结合21世纪各种政治、经济、文化、网络、环境等新要素、新

---

① 陈先达：《中国方案存在于中国道路之中》，《光明日报》2016年9月23日。
② 习近平：《共同创造亚洲和世界的美好未来——在博鳌亚洲论坛2013年年会上的主旨演讲》，《人民日报》2013年4月8日第1版。
③ 习近平：《在"一带一路"国际合作高峰论坛欢迎宴会上的祝酒辞》，《人民日报》2017年5月15日第2版。

特点、新理念而提出人类命运共同体这一构想。病态的、狭隘的民粹主义思想侵蚀下的世界，安全失序、发展失衡、制度冲突、南北差距等问题的存在使得人类面临的风险越来越大，全球治理呼唤改革与创新。人类命运共同体思想，实际上是对西方全球治理思想的失范而提起的，西方的军事同盟体系、经济霸权体系、防范中国模式、价值排他体系是不得人心，不适应世界和平发展潮流的。中国从治国理政新理念新思想新战略高度为世界未来提供一个优化的中国方案。

第一，以全球共治的天下观救治畸形的西方集团、局部同盟安全观和以邻为壑的零和博弈观。只有从天下视野做出的整体安全观才能破除西方的集团安全观、同盟安全观。正如赵汀阳主张那样，在西方国家眼里只有国家，个别国家，没有世界。"一带一路"做的是精卫填海的工作，要把西方的同盟安全观不能涵盖的大量发展中国家从卑微的国际地位中拯救出来，努力把亚欧非大陆的发展"洼地"找补平衡，带领很多国家从人权不平等的被歧视境遇中走出来，开创共同发展繁荣的新气象。这是国家治理和全球治理两个大局彼此紧密关联的现状决定的，只有一国视野，没有全局考虑，必然失去良好治理的外部环境，而只谈全球治理，无视一国治理的实际效果，也是舍本逐末。

以邻为伴是走向未来的必然选择，陶潜有诗云："邻曲时时来，抗言谈在昔。"实践证明，零和博弈是人类发展的败笔。正如习近平主席指出的："当今世界，各国相互依存、休戚与共。我们要继承和弘扬联合国宪章的宗旨和原则，构建以合作共赢为核心的新型国际关系，打造人类命运共同体。"①休戚与共、你中有我、我中有你的局面只会越来越强，不会越来越弱，利益高度融合，命运紧密相连，利益依存更加驱紧。中国优秀传统文化中的大同观点、天下思想、宇宙一体、太极平衡等诸多思想，为人类指出了发展方向。习近平主席正是汲取这些营养而提出人类命运共同体理念。为期盼和平、谋求发展、展开合作、走向富强的各国注入了共同的灵魂，为各国共同应对能预见和未知的全球性挑战指明了方向和路径。零和博弈往往是两败俱伤的结果，特别是在今天极端武器甚嚣尘上的时候，彼此没有共同利益关切，不站立在共赢的角度上，必然是共输的结果。"中国对外开放，不是要一家唱独角戏，而是要欢迎各方共同参与；不是要谋求势力范围，而是要支持各国共同发展；不是要营造自己的后花园，而是要建设各国共享的百花园。"②民粹主义、孤立发展只会压缩公共发展容量，收窄世界经济共同空间，激发更大的民族仇恨和排斥。

第二，人类命运共同体理论跨越"修昔底德陷阱"论，重在构建合作共赢的全球治理新格局。天下共治的思想强调：对话不对抗，结伴不结盟，补台不拆台，自尊不独尊，平等不强卖，王道不霸道，分歧不分野。今天世界各国的大数据、多层次、宽领域、全方位合作关系决定了任何形式的保护主义都行不通，任何形式的对抗都是自掘坟墓。而中国倡导的，没有附加条件的利益上的共建共享是当

---

① 习近平：《携手构建合作共赢新伙伴 同心打造人类命运共同体——在第七十届联合国大会一般性辩论时的讲话》，《人民日报》2015年9月29日第2版。
② 习近平：《中国发展新起点 全球增长新蓝图——在二十国集团工商峰会开幕式上的主旨演讲》，《人民日报》2016年9月4日第3版。

今走向世界和谐的首选原则。超越"修昔底德陷阱"、摒弃"你死我活"的殊死斗争，从海岸线把视野延伸到深海、极地，从领空眺望更广的外太空，从信息孤岛向全球互联转变，是不可逆的潮流。合作的新疆域远远多于相互角力的竞技场，"合作是实现利益唯一正确选择"是中国不变的信念。

未来全球秩序的关键问题不是中美两国能否避开修昔底德陷阱，而是要解决卧榻之侧容许他人安睡的问题。太平洋那么大，容得下两个超级大国。中国作为新兴的大国与守成的美国之间可以共处一个世界。16世纪以来大国之间的相互抗衡铁律必须打破。中国主张并积极践行和谐世界、永不称霸、不侵略、不扩张战略与和平共处五项原则，意味着中国将主动终止大国之间的对抗而跨越修昔底德陷阱，为世界和平做出贡献。古人云："天下兼相爱则治，交相恶则乱。"国与国之间，和平共处则能久远，相互为敌则战乱不断。中国历来主张和平发展，不干涉别国内政，尊重各国主权。中国发展之路，即便遭受了很多侵略和欺凌，我们依旧选择以史为鉴面向未来的发展视野和各国和平相处。中国人对于战争的苦难和记忆最为刻骨铭心，懂得和平来之不易。和平发展的中国也不至于引起美国的恐惧。随着美国战略重心东移，中国的发展让世界头号强国感到有些不安，担心利益受到影响，国际霸主地位受到挑战。西方把中国描绘成一种威胁，一种破坏全球体系的力量，实质上中国只是要平衡全球的公正秩序，增进共同福祉，不会干涉他国内政。习近平在出席中国国际友好大会暨中国人民对外友好协会成立60周年纪念活动时，强调中华民族的血液中没有侵略他人、称霸世界的基因，中国人民不接受"国强必霸"的逻辑,愿意同世界各国人民和睦相处、和谐发展,共谋和平、共护和平、共享和平。中国把主要精力用于建设事业,不谋求霸权,也没有征服异族的野心,理应获得国际社会的崇敬,而不是别有用心地散布中国威胁论。即便睡狮醒来,也是一只文明的狮子、可爱的狮子。何况今天的战略局面已经不是修昔底德笔下的雅典和斯巴达的冷兵器时代,而是核武器、精密制导的远程大杀伤力武器的时代。掌握极端核武技术的"新兴大国"和"守成大国"必须审慎对待彼此的立场,要理性掂量战争可能带来的全球灾难。任何一个国家试图挑起战争,最终都要亲自品尝战争的恶果。热爱和平的中国人民不希望发生战争,特别是两个超级大国之间的战略稳定和平衡,是世界福音,全球受益。代表中国人民利益的党和中央政府,也愿意把热爱和平的意愿播散向全球,承诺不首先使用核武器,这是对和平最好的承诺,也是对世界人民的负责表达。

第三,构建人类命运共同体是实现世界可持续发展、确立全球治理的新民主化的最佳方案。当前,在全球不管是金融、铸币权,还是节能减排的责任划分都是不民主的。强权是在不尊重别国平等权利的基础上产生的,强权自然生发出强话语和非中立性规则。世界治理格局的天平倾向西方几个少数国家,规则也是霸权国家用大棒和美元强硬输出的。全球治理目前的结局只能说是少数发达国家主导的治理,广大发展中国家、第三世界国家的诉求被搁置、否弃。中国主张国家不论大小强弱,都有在国际舞台表达的基本权益,这是全球治理真正的民主诉求。"共同但有区别的原则"这是初级工业化，甚至还没有来得及工业化的国家应有的基本权益。

立足于普遍安全、世界发展、天下共治根本目的，各国之间强化协商沟通机制，把本国治理纳入未来全球治理的大框架中加以考量，"推动建设一个开放、包容、普惠、平衡、共赢的经济全球化"，是休戚与共、生存与共、利益关联、边界模糊的今日世界最明智的选择。俗话说：一指难负重，握拳抵千斤；一双筷子轻轻被折断，十双筷子牢牢抱成团。在面对未来全球性问题上，如域外空间探索、应对气候变暖、化解金融危机问题，还有国际反恐、跨境追逃、毒品贸易、网络安全、酸雨蔓延、森林锐减、土地荒漠化、大气污染、水体污染、海洋污染、危险性废物处置、结构性经济失衡、核武器扩散、能源与粮食安全等问题，都离不开国际合作、多国参与、信息共享、安全共建、互通有无。"单则易折，众则难摧。"越是具有跨境特征的问题，就越是需要合力，这是人类社会从封闭走向开放、从单边走向多边、从表层走向深层、从一维走向多维的必然结果。习近平总书记给出了全球治理方案："坚持对话协商，建设一个持久和平的世界。""坚持共建共享，建设一个普遍安全的世界。""坚持合作共赢，建设一个共同繁荣的世界。""坚持交流互鉴，建设一个开放包容的世界。""坚持绿色低碳，建设一个清洁美丽的世界。"这就是来自古老东方文化孕育下的构建人类命运共同体，实现共赢共享的伟大构想。

2. 构建人类命运共同体是为实现"自由人联合体"终极目的铺路

人类面临的威胁正在遭遇从以原子弹为重点的 A 原子时代

(atom) 向 B 字节时代（byte）和网络 C 时代（Cyber）双重叠加转移中。人类的命运能不能走向自由，会不会在 ABC 的多重辖制中走向毁灭，这是全球必须严肃回答的问题。各国的发展史毕竟不是自然史在时空中的简单展开，也不是 A 的简单累进史，放在更长的周期中来看，B 和 C 也仅仅是人类交融空间格局中的一个侧面，生命、物种的进化遵循自然规律，技术与人类社会的发展进化则遵循社会规律，人的问题只有人能够解决。

第一，人类命运共同体是走向"自由人联合体"的起点上的价值共识。共建、共享的未来世界，其最终走向应该是"代替那存在着阶级和阶级对立的资产阶级旧社会的，将是这样一个联合体，在那里，每个人的自由发展是一切人的自由发展的条件"①。基于目前的条件，我们还不能"把社会组织成这样：使社会的每一个成员都能完全自由地发挥他的全部才能和力量，并且不会因此而危及这个社会的基本条件"②。但至少要求共处一个星球中的各国成员能按照自己民族的构想走好自己的路，不受他国干涉，并且不能为了自己国家的发展，而危及特定世界区域，危害整个社会。

第二，用人类命运共同体取代西方联盟维护的"虚幻的共同体"。以美国为首的西方集团的"共同体"，今天依旧是一个阶级同盟反对另一个阶级同盟的狭隘共同体、虚伪的共同体。打破这种狭隘共同体是人类走向和平的必然选择，狭隘的集团利益桎梏必然阻止全球共同进步，而局部进步则更容易扩大东西差距、南北差距，造成更

---

① 《马克思恩格斯选集》第 1 卷，人民出版社 1995 年版，第 294 页。
② 《马克思恩格斯全集》第 42 卷，人民出版社 1979 年版，第 373 页。

多不平等和新的动荡。把人类从各种"虚幻的共同体""虚伪的共同体"中拯救出来,需要各个国家之间保持"各美其美、美人之美"的心态,没有平等和理解的包容胸怀,就不可能真正实现在价值上彼此认同的世界命运共同体。各个民族、国家之间的相互认同、交融互鉴、开放切磋是打破隔阂的重要途径。中国欢迎世界各国搭载中国发展的"顺风车"。

第三,人类命运共同体是世界走向自由人联合体的价值预演。命运共同体思想是化解当下全球困境而提出的全球治理重塑方案,是标注全球治理新高度的新论断。经典作家指向的"自由人联合体"本质上是社会占有生产资料,但前提是需要有生产资料可以占有,国家内部极度的贫穷、国家与国家之间经济上的天壤之别也绝对无法最终实现"每个人的自由发展是一切人的自由发展的条件"。个人无法"成为自己的社会结合的主人,从而也就成为自然界的主人,成为自己本身的主人——自由的人"。在《1857—1858年经济学手稿》中,马克思按照人的个体的发展程度,把人的发展分为人对人的依赖、人对物的依赖、人的自由而全面的发展三个阶段。马克思在说明建立未来社会的自由人联合体时特别指出,"这需要有一定的社会物质基础或一系列物质生存条件,而这些本身又是长期的、痛苦的历史发展的自然产物"[①]。单个人如想摆脱物质和地域的局限而获得全面发展的能力,单个国家要想最终实现全面发展,必须依赖于本国与全世界的共同进步。在阶级剥削、国际剥削和国家之间的对

[①]《马克思恩格斯全集》第23卷,人民出版社1972年版,第97页。

立无法消除的特定境况下,反对帝国主义和霸权主义,反对狭隘的民族主义和闭关自守,反对西方狭隘的集团利益和"弱肉强食"的强盗逻辑,探索超越资本主义局限的新的人类命运共同体路径,以消除各国人民之间的分隔和对立,推动各个国家各个民族的交融互鉴,是实现人类的解放和人的自由全面发展的第一步。

人类命运共同体的主张是习近平同志站在马克思主义基本立场上,听从于"随时随地都要以当时的历史条件为转移"①断言,在资本主义垂而不死、腐而不朽的现状下,淡化、搁置"制度层面的争议",为世界物质财富的积累、全球人的共同未来,营造一个宽松的发展环境。为最终实现自由人联合体,创造生产力高度发达、物质产品极大丰富的客观条件。马克思指出:"生产力的这种发展……之所以是绝对必需的实际前提,还因为如果没有这种发展,那就只会有贫穷的普遍化;而在极端贫困的情况下,就必须重新开始争取必需品的斗争,也就是说,全部陈腐的东西又要死灰复燃。"②人类命运共同体虽然不能实现像"自由人联合体"那样最大程度的公平,至少在国家与国家之间实现一种和谐与平衡,潜移默化地引导、确立国际政治新秩序,为全球治理与正义保驾护航,牵引命运共同体朝着符合世界人民共同利益的方向发展,直到资本主义被社会主义和共产主义取代,走向"自由人联合体"。

世界能不能"携手共进"③,会不会"以邻为壑"?从各自为政的

---

① 《马克思恩格斯选集》第1卷,人民出版社1995年版,第258页。
② 《马克思恩格斯选集》第1卷,人民出版社1995年版,第86页。
③ 习近平:《努力构建携手共进的命运共同体——在中国—拉美和加勒比国家领导人会晤上的讲话》,《人民日报》2014年7月19日第2版。

国家个体到国与国双边的命运共同体,从区域内的命运共同体再到两大阵营命运共同体,从人类命运共同体再到"自由人联合体",这是符合人类社会发展的价值追求,也是契合社会发展规律的时代诉求。构建人类命运共同体是中国推动建立合作共赢新型国际关系的中国方案,这一新思想和新实践符合人类社会发展的趋势。在某种意义上是构想世界新秩序的尝试,必定会遭遇来自西方世界的种种阻力、诋毁,西方人认为不能高估中国的影响力,中国主张双赢的结果可能是中国赢而别国输的结果。各国基于自己的利益考量,分歧总是有的,但共同利益远远大于分歧。"中国能不能代表着世界未来",能不能承担起不公正的单边"游戏规则的修正者",历史自会证明。实现根本性观点的转变,需要中国保持战略定力和战略耐心,急躁不得,用"亚投行""一带一路"的方式和风细雨式地影响西方世界的观念,用天下视野和价值判断,积极参与携手共建命运共同体,为实现最终全人类的自由、解放、全面发展,成为自由人联合体中的一员,实现从必然王国向自由王国的飞跃。

  国家治理体系和治理能力现代化是循序渐进的工作,既要尽力而为,又要量力而行。中国是一个大国,在治理体系和治理能力现代化的建设上,绝不能犯路线错误,更不能在根本性问题上出现颠覆性错误,必须适应国家现代化总进程,积极稳妥,有理有利有节地推进。在出台顶层设计之前,需要试点探索、投石问路,需要看得准了,感觉稳当了,再推开。需要积小胜为大胜,不折腾,不懈怠,不乱阵脚,不盲信听从。国家治理体系建设,必须是渐进式改革,故治大国若烹小鲜,大国之政贵有恒,既要敢于突破,又要一步一个脚印，稳扎稳打向前走，确保实现改革的目标任务。中国的事情要放在中国的历史传承、文化传统、经济社会发展水平的具体环境中来判断。中国的大国治理必将是宏大工程，要注意避免合意则取、不合意则舍的倾向，要杜绝零敲碎打，碎片化修补，必须是全面的联动的有序的。在治理体系和治理能力建设中，要有继承，有创新，有舍弃。要善于在继承中创新，善于在借鉴中创新，善于在实践中创新。展望充满希望的未来，唯有道路自信、制度自信、理论自信、文化自信和善治自信，唯有扎根沃土，接近群众，躬身实践，才能有更加灿烂辉煌的明天。

附录一

中国共产党第十九届中央委员会第四次全体会议公报

（2019年10月31日中国共产党第十九届中央委员会第四次全体会议通过）

中国共产党第十九届中央委员会第四次全体会议，于2019年10月28日至31日在北京举行。

出席这次全会的有，中央委员202人，候补中央委员169人。中央纪律检查委员会常务委员会委员和有关方面负责同志列席会议。党的十九大代表中的部分基层同志和专家学者也列席会议。

全会由中央政治局主持。中央委员会总书记习近平作了重要讲话。

全会听取和讨论了习近平受中央政治局委托作的工作报告，审议通过了《中共中央关于坚持和完善中国特色社会主义制度、推进国家治理体系和治理能力现代化若干重大问题的决定》。习近平就《决定（讨论稿）》向全会作了说明。

全会充分肯定党的十九届三中全会以来中央政治局的工作。一致认为，面对国内外风险挑战明显增多的复杂局面，中央政治局高举中国特色社会主义伟大旗帜，坚持以马克思列宁主义、毛泽东思想、邓小平理论、"三个代表"重要思想、科学发展观、习近平新时代中国特色社会主义思想为指导,全面贯彻党的十九大和十九届二中、三中全会精神,准确把握国内国际两个大局,着力抓好发展和安全两件大事,加强战略谋划,增强战略定力,坚持稳中求进工作总基调,继续统筹推进"五位一体"总体布局和协调推进"四个全面"战略布局,团结带领全党全国各族人民攻坚克难、砥砺前行,庆祝中华人民共和国成立70周年系列活动极大振奋和凝聚了党心军心民心,庆祝改革开放40周年系列活动增强了将改革进行到底的信心,"不忘初心、牢记使命"主题教育成效明显,深化党和国家机构改革各项工作胜利完成,改革开放全面深化,经济社会保持健康稳定发展,坚决打好三大攻坚战和应对各种风险挑战工作有力有效,国防和军队现代化深入推进,推动党和国家各项事业取得新的重大进展。

全会提出,中国特色社会主义制度是党和人民在长期实践探索中形成的科学制度体系,我国国家治理一切工作和活动都依照中国特色社会主义制度展开,我国国家治理体系和治理能力是中国特色社会主义制度及其执行能力的集中体现。

全会认为,中国共产党自成立以来,团结带领人民,坚持把马克思主义基本原理同中国具体实际相结合,赢得了中国革命胜利,并深刻总结国内外正反两方面经验,不断探索实践,不断改革创新,建立和完善社会主义制度,形成和发展党的领导和经济、政治、文化、社会、生态文明、军事、外事等各方面制度,加强和完善国家治理,取得历史性成就。党的十八大以来,我们党领导人民统筹推进"五位一体"总体布局、协调推进"四个全面"战略布局,推动中国特色社会主义制度更加完善、国家治理体系和治理能力现代化水平明显提高，为政治稳定、经济发展、文化繁荣、民族团结、人民幸福、社会安宁、国家统一提供了有力保障。实践证明，中国特色社会主义制度和国家治理体系是以马克思主义为指导、植根中国大地、具有深厚中华文化根基、深得人民拥护的制度和治理体系，是具有强大生命力和巨大优越性的制度和治理体系，是能够持续推动拥有近十四亿人口大国进步和发展、确保拥有五千多年文明史的中华民族实现"两个一百年"奋斗目标进而实现伟大复兴的制度和治理体系。

全会强调，我国国家制度和国家治理体系具有多方面的显著优势，主要是：坚持党的集中统一领导，坚持党的科学理论，保持政治稳定，确保国家始终沿着社会主义方向前进的显著优势；坚持人民当家作主，发展人民民主，密切联系群众，紧紧依靠人民推动国家发展的显著优势；坚持全面依法治国，建设社会主义法治国家，切实保障社会公平正义和人民权利的显著优势；坚持全国一盘棋，调动各方面积极性，集中力量办大事的显著优势；坚持各民族一律平等，铸牢中华民族共同体意识，实现共同团结奋斗、共同繁荣发展的显著优势；坚持公有制为主体、多种所有制经济共同发展和按劳分配为主体、多种分配方式并存，把社会主义制度和市场经济有机结合起来，不断解放和发展社会生产力的显著优势；坚持共同的理想信念、价值理念、道德观念，弘扬中华优秀传统文化、革命文化、社会主义先进文化，促进全体人民在思想上精神上紧紧团结在一起的显著优势；坚持以人民为中心的发展思想，不断保障和改善民生、增进人民福祉，走共同富裕道路的显著优势；坚持改革创新、与时俱进，善于自我完善、自我发展，使社会充满生机活力的显著优势；坚持德才兼备、选贤任能，聚天下英才而用之，培养造就更多更优秀人才的显著优势；坚持党指挥枪，确保人民军队绝对忠诚于党和人民，有力保障国家主权、安全、发展利益的显著优势；坚持"一国两制"，保持香港、澳门长期繁荣稳定，促进祖国和平统一的显著优势；坚持独立自主和对外开放相统一，积极参与全球治理，为构建人类命运共同体不断作出贡献的显著优势。这些显著优势，是我们坚定中国特色社会主义道路自信、理论自信、制度自信、文化自信的基本依据。

全会强调，必须坚持以马克思列宁主义、毛泽东思想、邓小平理论、"三个代表"重要思想、科学发展观、习近平新时代中国特色社会主义思想为指导，增强"四个意识"，坚定"四个自信"，做到"两个维护"，坚持党的领导、人民当家作主、依法治国有机统一，坚持解放思想、实事求是，坚持改革创新，突出坚持和完善支撑中国特色社会主义制度的根本制度、基本制度、重要制度，着力固根基、扬优势、补短板、强弱项，构建系统完备、科学规范、运行有效的制度体系，加强系统治理、依法治理、综合治理、源头治理，把我国制度优势更好转化为国家治理效能，为实现"两个一百年"奋斗目标、实现中华民族伟大复兴的中国梦提供有力保证。

全会提出，坚持和完善中国特色社会主义制度、推进国家治理体系和治理能力现代化的总体目标是，到我们党成立一百年时，在各方面制度更加成熟更加定型上取得明显成效；到二〇三五年，各方面制度更加完善，基本实现国家治理体系和治理能力现代化；到新中国成立一百年时，全面实现国家治理体系和治理能力现代化，使中国特色社会主义制度更加巩固、优越性充分展现。

全会提出，坚持和完善党的领导制度体系，提高党科学执政、民主执政、依法执政水平。必须坚持党政军民学、东西南北中，党是领导一切的，坚决维护党中央权威，健全总揽全局、协调各方的党的领导制度体系，把党的领导落实到国家治理各领域各方面各环节。要建立不忘初心、牢记使命的制度，完善坚定维护党中央权威和集中统一领导的各项制度，健全党的全面领导制度，健全为人民执政、靠人民执政各项制度，健全提高党的执政能力和领导水平制度，完善全面从严治党制度。

全会提出，坚持和完善人民当家作主制度体系，发展社会主义民主政治。必须坚持人民主体地位，坚定不移走中国特色社会主义政治发展道路，确保人民依法通过各种途径和形式管理国家事务，管理经济文化事业，管理社会事务。要坚持和完善人民代表大会制度这一根本政治制度，坚持和完善中国共产党领导的多党合作和政治协商制度，巩固和发展最广泛的爱国统一战线，坚持和完善民族区域自治制度，健全充满活力的基层群众自治制度。

全会提出，坚持和完善中国特色社会主义法治体系，提高党依法治国、依法执政能力。建设中国特色社会主义法治体系、建设社会主义法治国家是坚持和发展中国特色社会主义的内在要求。必须坚定不移走中国特色社会主义法治道路，全面推进依法治国，坚持依法治国、依法执政、依法行政共同推进，坚持法治国家、法治政府、法治社会一体建设。要健全保证宪法全面实施的体制机制，完善立法体制机制，健全社会公平正义法治保障制度，加强对法律实施的监督。

全会提出，坚持和完善中国特色社会主义行政体制，构建职责明确、依法行政的政府治理体系。国家行政管理承担着按照党和国家决策部署推动经济社会发展、管理社会事务、服务人民群众的重大职责。必须坚持一切行政机关为人民服务、对人民负责、受人民监督，创新行政方式，提高行政效能，建设人民满意的服务型政府。要完善国家行政体制，优化政府职责体系，优化政府组织结构，健全充分发挥中央和地方两个积极性体制机制。

全会提出，坚持和完善社会主义基本经济制度，推动经济高质量发展。公有制为主体、多种所有制经济共同发展，按劳分配为主体、多种分配方式并存，社会主义市场经济体制等社会主义基本经济制度，既体现了社会主义制度优越性，又同我国社会主义初级阶段社会生产力发展水平相适应，是党和人民的伟大创造。必须坚持社会主义基本经济制度，充分发挥市场在资源配置中的决定性作用，更好发挥政府作用，全面贯彻新发展理念，坚持以供给侧结构性改革为主线，加快建设现代化经济体系。要毫不动摇巩固和发展公有制经济，毫不动摇鼓励、支持、引导非公有制经济发展，坚持按劳分配为主体、多种分配方式并存，加快完善社会主义市场经济体制，完善科技创新体制机制，建设更高水平开放型经济新体制。

全会提出，坚持和完善繁荣发展社会主义先进文化的制度，巩固全体人民团结奋斗的共同思想基础。发展社会主义先进文化、广泛凝聚人民精神力量，是国家治理体系和治理能力现代化的深厚支撑。必须坚定文化自信，牢牢把握社会主义先进文化前进方向，激发全民族文化创造活力，更好构筑中国精神、中国价值、中国力量。要坚持马克思主义在意识形态领域指导地位的根本制度，坚持以社会主义核心价值观引领文化建设制度，健全人民文化权益保障制度，完善坚持正确导向的舆论引导工作机制，建立健全把社会效益放在首位、社会效益和经济效益相统一的文化创作生产体制机制。

全会提出，坚持和完善统筹城乡的民生保障制度，满足人民日益增长的美好生活需要。增进人民福祉、促进人的全面发展是我们党立党为公、执政为民的本质要求。必须健全幼有所育、学有所教、劳有所得、病有所医、老有所养、住有所居、弱有所扶等方面国家基本公共服务制度体系，注重加强普惠性、基础性、兜底性民生建设，保障群众基本生活。满足人民多层次多样化需求，使改革发展成果更多更公平惠及全体人民。要健全有利于更充分更高质量就业的促进机制，构建服务全民终身学习的教育体系，完善覆盖全民的社会保障体系，强化提高人民健康水平的制度保障。坚决打赢脱贫攻坚战，建立解决相对贫困的长效机制。

全会提出，坚持和完善共建共治共享的社会治理制度，保持社会稳定、维护国家安全。社会治理是国家治理的重要方面。必须加强和创新社会治理，完善党委领导、政府负责、民主协商、社会协同、公众参与、法治保障、科技支撑的社会治理体系，建设人人有责、人人尽责、人人享有的社会治理共同体，确保人民安居乐业、社会安定有序，建设更高水平的平安中国。要完善正确处理新形势下人民内部矛盾有效机制，完善社会治安防控体系，健全公共安全体制机制，构建基层社会治理新格局，完善国家安全体系。

全会提出，坚持和完善生态文明制度体系，促进人与自然和谐共生。生态文明建设是关系中华民族永续发展的千年大计。必须践行绿水青山就是金山银山的理念，坚持节约资源和保护环境的基本国策，坚持节约优先、保护优先、自然恢复为主的方针，坚定走生产发展、生活富裕、生态良好的文明发展道路，建设美丽中国。要实行最严格的生态环境保护制度，全面建立资源高效利用制度，健全生态保护和修复制度，严明生态环境保护责任制度。

全会提出，坚持和完善党对人民军队的绝对领导制度，确保人民军队忠实履行新时代使命任务。党对人民军队的绝对领导是人民军队的建军之本、强军之魂。必须牢固确立习近平强军思想在国防和军队建设中的指导地位，巩固和拓展深化国防和军队改革成果，构建中国特色社会主义军事政策制度体系，全面推进国防和军队现代化，确保实现党在新时代的强军目标，把人民军队全面建成世界一流军队，永葆人民军队的性质、宗旨、本色。要坚持人民军队最高领导权和指挥权属于党中央，健全人民军队党的建设制度体系，把党对人民军队的绝对领导贯彻到军队建设各领域全过程。

全会提出，坚持和完善"一国两制"制度体系，推进祖国和平统一。"一国两制"是党领导人民实现祖国和平统一的一项重要制度，是中国特色社会主义的一个伟大创举。必须严格依照宪法和基本法对香港特别行政区、澳门特别行政区实行管治，维护香港、澳门长期繁荣稳定。建立健全特别行政区维护国家安全的法律制度和执行机制。要坚定推进祖国和平统一进程，完善促进两岸交流合作、深化两岸融合发展、保障台湾同胞福祉的制度安排和政策措施，团结广大台湾同胞共同反对"台独"、促进统一。

全会提出，坚持和完善独立自主的和平外交政策，推动构建人类命运共同体。必须统筹国内国际两个大局，高举和平、发展、合作、共赢旗帜，坚定不移维护国家主权、安全、发展利益，坚定不移维护世界和平、促进共同发展。要健全党对外事工作领导体制机制，完善全方位外交布局，推进合作共赢的开放体系建设，积极参与全球治理体系改革和建设。

全会提出，坚持和完善党和国家监督体系，强化对权力运行的制约和监督。党和国家监督体系是党在长期执政条件下实现自我净化、自我完善、自我革新、自我提高的重要制度保障。必须健全党统一领导、全面覆盖、权威高效的监督体系，增强监督严肃性、协同性、有效性，形成决策科学、执行坚决、监督有力的权力运行机制，构建一体推进不敢腐、不能腐、不想腐体制机制，确保党和人民赋予的权力始终用来为人民谋幸福。

全会强调，坚持和完善中国特色社会主义制度、推进国家治理体系和治理能力现代化，是全党的一项重大战略任务。各级党委和政府以及各级领导干部要切实强化制度意识，带头维护制度权威，做制度执行的表率，带动全党全社会自觉尊崇制度、严格执行制度、坚决维护制度。加强制度理论研究和宣传教育，引导全党全社会充分认识中国特色社会主义制度的本质特征和优越性，坚定制度自信。推动广大干部严格按照制度履行职责、行使权力、开展工作，提高推进"五位一体"总体布局和"四个全面"战略布局等各项工作能力和水平。

全会按照党章规定，决定递补中央委员会候补委员马正武、马伟明同志为中央委员会委员。

全会审议并通过了中共中央纪律检查委员会关于刘士余同志严重违纪违法问题的审查报告，确认中央政治局之前作出的给予刘士余同志留党察看二年的处分。

全会号召，全党全国各族人民要更加紧密地团结在以习近平同志为核心的党中央周围，坚定信心，保持定力，锐意进取，开拓创新，为坚持和完善中国特色社会主义制度、推进国家治理体系和治理能力现代化，实现"两个一百年"奋斗目标、实现中华民族伟大复兴的中国梦而努力奋斗！

（《人民日报》2019年11月01日　01版）

附录二

中共中央关于坚持和完善中国特色社会主义制度 推进国家治理体系和治理能力现代化若干重大问题的决定

（2019年10月31日中国共产党第十九届中央委员会第四次全体会议通过）

为贯彻落实党的十九大精神，十九届中央委员会第四次全体会议着重研究了坚持和完善中国特色社会主义制度、推进国家治理体系和治理能力现代化的若干重大问题，作出如下决定。

一、坚持和完善中国特色社会主义制度、推进国家治理体系和治理能力现代化的重大意义和总体要求

中国特色社会主义制度是党和人民在长期实践探索中形成的科学制度体系，我国国家治理一切工作和活动都依照中国特色社会主义制度展开，我国国家治理体系和治理能力是中国特色社会主义制度及其执行能力的集中体现。

中国共产党自成立以来，团结带领人民，坚持把马克思主义基本原理同中国具体实际相结合，赢得了中国革命胜利，并深刻总结国内外正反两方面经验，不断探索实践，不断改革创新，建立和完善社会主义制度，形成和发展党的领导和经济、政治、文化、社会、

生态文明、军事、外事等各方面制度，加强和完善国家治理，取得历史性成就。党的十八大以来，我们党领导人民统筹推进"五位一体"总体布局、协调推进"四个全面"战略布局，推动中国特色社会主义制度更加完善、国家治理体系和治理能力现代化水平明显提高，为政治稳定、经济发展、文化繁荣、民族团结、人民幸福、社会安宁、国家统一提供了有力保障。

新中国成立七十年来，我们党领导人民创造了世所罕见的经济快速发展奇迹和社会长期稳定奇迹，中华民族迎来了从站起来、富起来到强起来的伟大飞跃。实践证明，中国特色社会主义制度和国家治理体系是以马克思主义为指导、植根中国大地、具有深厚中华文化根基、深得人民拥护的制度和治理体系，是具有强大生命力和巨大优越性的制度和治理体系，是能够持续推动拥有近十四亿人口大国进步和发展、确保拥有五千多年文明史的中华民族实现"两个一百年"奋斗目标进而实现伟大复兴的制度和治理体系。

我国国家制度和国家治理体系具有多方面的显著优势，主要是：坚持党的集中统一领导，坚持党的科学理论，保持政治稳定，确保国家始终沿着社会主义方向前进的显著优势；坚持人民当家作主，发展人民民主，密切联系群众，紧紧依靠人民推动国家发展的显著优势；坚持全面依法治国，建设社会主义法治国家，切实保障社会公平正义和人民权利的显著优势；坚持全国一盘棋，调动各方面积极性，集中力量办大事的显著优势；坚持各民族一律平等，铸牢中华民族共同体意识，实现共同团结奋斗、共同繁荣发展的显著优势；坚持公有制为主体、多种所有制经济共同发展和按劳分配为主体、多种分配方式并存，把社会主义制度和市场经济有机结合起来，不断解放和发展社会生产力的显著优势；坚持共同的理想信念、价值理念、道德观念，弘扬中华优秀传统文化、革命文化、社会主义先进文化，促进全体人民在思想上精神上紧紧团结在一起的显著优势；坚持以人民为中心的发展思想，不断保障和改善民生、增进人民福祉，走共同富裕道路的显著优势；坚持改革创新、与时俱进，善于自我完善、自我发展，使社会始终充满生机活力的显著优势；坚持德才兼备、选贤任能，聚天下英才而用之，培养造就更多更优秀人才的显著优势；坚持党指挥枪，确保人民军队绝对忠诚于党和人民，有力保障国家主权、安全、发展利益的显著优势；坚持"一国两制"，保持香港、澳门长期繁荣稳定，促进祖国和平统一的显著优势；坚持独立自主和对外开放相统一，积极参与全球治理，为构建人类命运共同体不断作出贡献的显著优势。这些显著优势，是我们坚定中国特色社会主义道路自信、理论自信、制度自信、文化自信的基本依据。

当今世界正经历百年未有之大变局，我国正处于实现中华民族伟大复兴关键时期。顺应时代潮流，适应我国社会主要矛盾变化，统揽伟大斗争、伟大工程、伟大事业、伟大梦想，不断满足人民对美好生活新期待，战胜前进道路上的各种风险挑战，必须在坚持和完善中国特色社会主义制度、推进国家治理体系和治理能力现代化上下更大功夫。

必须坚持以马克思列宁主义、毛泽东思想、邓小平理论、"三个代表"重要思想、科学发展观、习近平新时代中国特色社会主义思想为指导，增强"四个意识"，坚定"四个自信"，做到"两个维护"，坚持党的领导、人民当家作主、依法治国有机统一，坚持解放思想、实事求是，坚持改革创新，突出坚持和完善支撑中国特色社会主义制度的根本制度、基本制度、重要制度，着力固根基、扬优势、补短板、强弱项，构建系统完备、科学规范、运行有效的制度体系，加强系统治理、依法治理、综合治理、源头治理，把我国制度优势更好转化为国家治理效能，为实现"两个一百年"奋斗目标、实现中华民族伟大复兴的中国梦提供有力保证。

坚持和完善中国特色社会主义制度、推进国家治理体系和治理能力现代化的总体目标是，到我们党成立一百年时，在各方面制度更加成熟更加定型上取得明显成效；到二〇三五年，各方面制度更加完善，基本实现国家治理体系和治理能力现代化；到新中国成立一百年时，全面实现国家治理体系和治理能力现代化，使中国特色社会主义制度更加巩固、优越性充分展现。

二、坚持和完善党的领导制度体系，提高党科学执政、民主执政、依法执政水平

中国共产党领导是中国特色社会主义最本质的特征，是中国特色社会主义制度的最大优势，党是最高政治领导力量。必须坚持党政军民学、东西南北中，党是领导一切的，坚决维护党中央权威，健全总揽全局、协调各方的党的领导制度体系，把党的领导落实到国家治理各领域各方面各环节。

（一）建立不忘初心、牢记使命的制度。确保全党遵守党章，恪

守党的性质和宗旨，坚持用共产主义远大理想和中国特色社会主义共同理想凝聚全党、团结人民，用习近平新时代中国特色社会主义思想武装全党、教育人民、指导工作，夯实党执政的思想基础。把不忘初心、牢记使命作为加强党的建设的永恒课题和全体党员、干部的终身课题，形成长效机制，坚持不懈锤炼党员、干部忠诚干净担当的政治品格。全面贯彻党的基本理论、基本路线、基本方略，持续推进党的理论创新、实践创新、制度创新，使一切工作顺应时代潮流、符合发展规律、体现人民愿望，确保党始终走在时代前列、得到人民衷心拥护。

（二）完善坚定维护党中央权威和集中统一领导的各项制度。推动全党增强"四个意识"、坚定"四个自信"、做到"两个维护"，自觉在思想上政治上行动上同以习近平同志为核心的党中央保持高度一致，坚决把维护习近平总书记党中央的核心、全党的核心地位落到实处。健全党中央对重大工作的领导体制，强化党中央决策议事协调机构职能作用，完善推动党中央重大决策落实机制，严格执行向党中央请示报告制度，确保令行禁止。健全维护党的集中统一的组织制度，形成党的中央组织、地方组织、基层组织上下贯通、执行有力的严密体系，实现党的组织和党的工作全覆盖。

（三）健全党的全面领导制度。完善党领导人大、政府、政协、监察机关、审判机关、检察机关、武装力量、人民团体、企事业单位、基层群众自治组织、社会组织等制度，健全各级党委（党组）工作制度，确保党在各种组织中发挥领导作用。完善党领导各项事业的具体制度，把党的领导落实到统筹推进"五位一体"总体布局、协调推进"四个全面"战略布局各方面。完善党和国家机构职能体系，把党的领导贯彻到党和国家所有机构履行职责全过程，推动各方面协调行动、增强合力。

（四）健全为人民执政、靠人民执政各项制度。坚持立党为公、执政为民，保持党同人民群众的血肉联系，把尊重民意、汇集民智、凝聚民力、改善民生贯穿党治国理政全部工作之中，巩固党执政的阶级基础，厚植党执政的群众基础，通过完善制度保证人民在国家治理中的主体地位，着力防范脱离群众的危险。贯彻党的群众路线，完善党员、干部联系群众制度，创新互联网时代群众工作机制，始终做到为了群众、相信群众、依靠群众、引领群众，深入群众、深入基层。健全联系广泛、服务群众的群团工作体系，推动人民团体增强政治性、先进性、群众性，把各自联系的群众紧紧团结在党的周围。

（五）健全提高党的执政能力和领导水平制度。坚持民主集中制，完善发展党内民主和实行正确集中的相关制度，提高党把方向、谋大局、定政策、促改革的能力。健全决策机制，加强重大决策的调查研究、科学论证、风险评估，强化决策执行、评估、监督。改进党的领导方式和执政方式，增强各级党组织政治功能和组织力。完善担当作为的激励机制，促进各级领导干部增强学习本领、政治领导本领、改革创新本领、科学发展本领、依法执政本领、群众工作本领、狠抓落实本领、驾驭风险本领，发扬斗争精神，增强斗争本领。

（六）完善全面从严治党制度。坚持党要管党、全面从严治党，增强忧患意识，不断推进党的自我革命，永葆党的先进性和纯洁性。贯彻新时代党的建设总要求，深化党的建设制度改革，坚持依规治党，建立健全以党的政治建设为统领，全面推进党的各方面建设的体制机制。坚持新时代党的组织路线，健全党管干部、选贤任能制度。规范党内政治生活，严明政治纪律和政治规矩，发展积极健康的党内政治文化，全面净化党内政治生态。完善和落实全面从严治党责任制度。坚决同一切影响党的先进性、弱化党的纯洁性的问题作斗争，大力纠治形式主义、官僚主义，不断增强党的创造力、凝聚力、战斗力，确保党始终成为中国特色社会主义事业的坚强领导核心。

三、坚持和完善人民当家作主制度体系，发展社会主义民主政治

我国是工人阶级领导的、以工农联盟为基础的人民民主专政的社会主义国家，国家的一切权力属于人民。必须坚持人民主体地位，坚定不移走中国特色社会主义政治发展道路，健全民主制度，丰富民主形式，拓宽民主渠道，依法实行民主选举、民主协商、民主决策、民主管理、民主监督，使各方面制度和国家治理更好体现人民意志、保障人民权益、激发人民创造，确保人民依法通过各种途径和形式管理国家事务，管理经济文化事业，管理社会事务。

（一）坚持和完善人民代表大会制度这一根本政治制度。人民行使国家权力的机关是全国人民代表大会和地方各级人民代表大会。支持和保证人民通过人民代表大会行使国家权力，保证各级人大都由民主选举产生、对人民负责、受人民监督，保证各级国家机关都由人大产生、对人大负责、受人大监督。支持和保证人大及其常委会依法行使职权，健全人大对"一府一委两院"监督制度。密切人大代表同人民群众的联系，健全代表联络机制，更好发挥人大代表作用。健全人大组织制度、选举制度和议事规则，完善论证、评估、评议、听证制度。适当增加基层人大代表数量。加强地方人大及其常委会建设。

（二）坚持和完善中国共产党领导的多党合作和政治协商制度。贯彻长期共存、互相监督、肝胆相照、荣辱与共的方针，加强中国特色社会主义政党制度建设，健全相互监督特别是中国共产党自觉接受监督、对重大决策部署贯彻落实情况实施专项监督等机制，完善民主党派中央直接向中共中央提出建议制度，完善支持民主党派和无党派人士履行职能方法，展现我国新型政党制度优势。发挥人民政协作为政治组织和民主形式的效能，提高政治协商、民主监督、参政议政水平，更好凝聚共识。完善人民政协专门协商机构制度，丰富协商形式，健全协商规则，优化界别设置，健全发扬民主和增进团结相互贯通、建言资政和凝聚共识双向发力的程序机制。

坚持社会主义协商民主的独特优势，统筹推进政党协商、人大协商、政府协商、政协协商、人民团体协商、基层协商以及社会组织协商，构建程序合理、环节完整的协商民主体系，完善协商于决策之前和决策实施之中的落实机制，丰富有事好商量、众人的事情由众人商量的制度化实践。

（三）巩固和发展最广泛的爱国统一战线。坚持大统战工作格局，坚持一致性和多样性统一，完善照顾同盟者利益政策，做好民族工作和宗教工作，健全党外代表人士队伍建设制度，凝聚港澳同胞、台湾同胞、海外侨胞力量，谋求最大公约数，画出最大同心圆，促进政党关系、民族关系、宗教关系、阶层关系、海内外同胞关系和谐。

（四）坚持和完善民族区域自治制度。坚定不移走中国特色解决民族问题的正确道路，坚持各民族一律平等，坚持各民族共同团结奋斗、共同繁荣发展，保证民族自治地方依法行使自治权，保障少数民族合法权益，巩固和发展平等团结互助和谐的社会主义民族关系。坚持不懈开展马克思主义祖国观、民族观、文化观、历史观宣传教育，打牢中华民族共同体思想基础。全面深入持久开展民族团结进步创建，加强各民族交往交流交融。支持和帮助民族地区加快发展，不断提高各族群众生活水平。

（五）健全充满活力的基层群众自治制度。健全基层党组织领导的基层群众自治机制，在城乡社区治理、基层公共事务和公益事业中广泛实行群众自我管理、自我服务、自我教育、自我监督，拓宽人民群众反映意见和建议的渠道，着力推进基层直接民主制度化、规范化、程序化。全心全意依靠工人阶级，健全以职工代表大会为基本形式的企事业单位民主管理制度，探索企业职工参与管理的有效方式，保障职工群众的知情权、参与权、表达权、监督权，维护职工合法权益。

四、坚持和完善中国特色社会主义法治体系，提高党依法治国、依法执政能力

建设中国特色社会主义法治体系、建设社会主义法治国家是坚持和发展中国特色社会主义的内在要求。必须坚定不移走中国特色社会主义法治道路，全面推进依法治国，坚持依法治国、依法执政、依法行政共同推进，坚持法治国家、法治政府、法治社会一体建设，加快形成完备的法律规范体系、高效的法治实施体系、严密的法治监督体系、有力的法治保障体系，加快形成完善的党内法规体系，全面推进科学立法、严格执法、公正司法、全民守法，推进法治中国建设。

（一）健全保证宪法全面实施的体制机制。依法治国首先要坚持依宪治国，依法执政首先要坚持依宪执政。加强宪法实施和监督，落实宪法解释程序机制，推进合宪性审查工作，加强备案审查制度和能力建设，依法撤销和纠正违宪违法的规范性文件。坚持宪法法律至上，健全法律面前人人平等保障机制，维护国家法制统一、尊严、权威，一切违反宪法法律的行为都必须予以追究。

（二）完善立法体制机制。坚持科学立法、民主立法、依法立法，完善党委领导、人大主导、政府依托、各方参与的立法工作格局，立改废释并举，不断提高立法质量和效率。完善以宪法为核心的中国特色社会主义法律体系，加强重要领域立法，加快我国法域外适用的法律体系建设，以良法保障善治。

（三）健全社会公平正义法治保障制度。坚持法治建设为了人民、

依靠人民，加强人权法治保障，保证人民依法享有广泛的权利和自由、承担应尽的义务，引导全体人民做社会主义法治的忠实崇尚者、自觉遵守者、坚定捍卫者。坚持有法必依、执法必严、违法必究，严格规范公正文明执法，规范执法自由裁量权，加大关系群众切身利益的重点领域执法力度。深化司法体制综合配套改革，完善审判制度、检察制度，全面落实司法责任制，完善律师制度，加强对司法活动的监督，确保司法公正高效权威，努力让人民群众在每一个司法案件中感受到公平正义。

（四）加强对法律实施的监督。保证行政权、监察权、审判权、检察权得到依法正确行使，保证公民、法人和其他组织合法权益得到切实保障，坚决排除对执法司法活动的干预。拓展公益诉讼案件范围。加大对严重违法行为处罚力度，实行惩罚性赔偿制度，严格刑事责任追究。加大全民普法工作力度，增强全民法治观念，完善公共法律服务体系，夯实依法治国群众基础。各级党和国家机关以及领导干部要带头尊法学法守法用法，提高运用法治思维和法治方式深化改革、推动发展、化解矛盾、维护稳定、应对风险的能力。

五、坚持和完善中国特色社会主义行政体制，构建职责明确、依法行政的政府治理体系

国家行政管理承担着按照党和国家决策部署推动经济社会发展、管理社会事务、服务人民群众的重大职责。必须坚持一切行政机关为人民服务、对人民负责、受人民监督，创新行政方式，提高行政效能，建设人民满意的服务型政府。

（一）完善国家行政体制。以推进国家机构职能优化协同高效为着力点，优化行政决策、行政执行、行政组织、行政监督体制。健全部门协调配合机制，防止政出多门、政策效应相互抵消。深化行政执法体制改革，最大限度减少不必要的行政执法事项。进一步整合行政执法队伍，继续探索实行跨领域跨部门综合执法，推动执法重心下移，提高行政执法能力水平。落实行政执法责任制和责任追究制度。创新行政管理和服务方式，加快推进全国一体化政务服务平台建设，健全强有力的行政执行系统，提高政府执行力和公信力。

（二）优化政府职责体系。完善政府经济调节、市场监管、社会管理、公共服务、生态环境保护等职能，实行政府权责清单制度，厘清政府和市场、政府和社会关系。深入推进简政放权、放管结合、优化服务，深化行政审批制度改革，改善营商环境，激发各类市场主体活力。健全以国家发展规划为战略导向，以财政政策和货币政策为主要手段，就业、产业、投资、消费、区域等政策协同发力的宏观调控制度体系。完善国家重大发展战略和中长期经济社会发展规划制度。完善标准科学、规范透明、约束有力的预算制度。建设现代中央银行制度，完善基础货币投放机制，健全基准利率和市场化利率体系。严格市场监管、质量监管、安全监管，加强违法惩戒。完善公共服务体系，推进基本公共服务均等化、可及性。建立健全运用互联网、大数据、人工智能等技术手段进行行政管理的制度规则。推进数字政府建设，加强数据有序共享，依法保护个人信息。

（三）优化政府组织结构。推进机构、职能、权限、程序、责任法定化，使政府机构设置更加科学、职能更加优化、权责更加协同。

严格机构编制管理，统筹利用行政管理资源，节约行政成本。优化行政区划设置，提高中心城市和城市群综合承载和资源优化配置能力，实行扁平化管理，形成高效率组织体系。

（四）健全充分发挥中央和地方两个积极性体制机制。理顺中央和地方权责关系，加强中央宏观事务管理，维护国家法制统一、政令统一、市场统一。适当加强中央在知识产权保护、养老保险、跨区域生态环境保护等方面事权，减少并规范中央和地方共同事权。赋予地方更多自主权，支持地方创造性开展工作。按照权责一致原则，规范垂直管理体制和地方分级管理体制。优化政府间事权和财权划分，建立权责清晰、财力协调、区域均衡的中央和地方财政关系，形成稳定的各级政府事权、支出责任和财力相适应的制度。构建从中央到地方权责清晰、运行顺畅、充满活力的工作体系。

六、坚持和完善社会主义基本经济制度，推动经济高质量发展

公有制为主体、多种所有制经济共同发展，按劳分配为主体、多种分配方式并存，社会主义市场经济体制等社会主义基本经济制度，既体现了社会主义制度优越性，又同我国社会主义初级阶段社会生产力发展水平相适应，是党和人民的伟大创造。必须坚持社会主义基本经济制度，充分发挥市场在资源配置中的决定性作用，更好发挥政府作用，全面贯彻新发展理念，坚持以供给侧结构性改革为主线，加快建设现代化经济体系。

（一）毫不动摇巩固和发展公有制经济，毫不动摇鼓励、支持、

引导非公有制经济发展。探索公有制多种实现形式，推进国有经济布局优化和结构调整，发展混合所有制经济，增强国有经济竞争力、创新力、控制力、影响力、抗风险能力，做强做优做大国有资本。深化国有企业改革，完善中国特色现代企业制度。形成以管资本为主的国有资产监管体制，有效发挥国有资本投资、运营公司功能作用。健全支持民营经济、外商投资企业发展的法治环境，完善构建亲清政商关系的政策体系，健全支持中小企业发展制度，促进非公有制经济健康发展和非公有制经济人士健康成长。营造各种所有制主体依法平等使用资源要素、公开公平公正参与竞争、同等受到法律保护的市场环境。深化农村集体产权制度改革，发展农村集体经济，完善农村基本经营制度。

（二）坚持按劳分配为主体、多种分配方式并存。坚持多劳多得，着重保护劳动所得，增加劳动者特别是一线劳动者劳动报酬，提高劳动报酬在初次分配中的比重。健全劳动、资本、土地、知识、技术、管理、数据等生产要素由市场评价贡献、按贡献决定报酬的机制。健全以税收、社会保障、转移支付等为主要手段的再分配调节机制，强化税收调节，完善直接税制度并逐步提高其比重。完善相关制度和政策，合理调节城乡、区域、不同群体间分配关系。重视发挥第三次分配作用，发展慈善等社会公益事业。鼓励勤劳致富，保护合法收入，增加低收入者收入，扩大中等收入群体，调节过高收入，清理规范隐性收入，取缔非法收入。

（三）加快完善社会主义市场经济体制。建设高标准市场体系，完善公平竞争制度，全面实施市场准入负面清单制度，改革生产许可制度，健全破产制度。强化竞争政策基础地位，落实公平竞争审查制度，加强和改进反垄断和反不正当竞争执法。健全以公平为原则的产权保护制度，建立知识产权侵权惩罚性赔偿制度，加强企业商业秘密保护。推进要素市场制度建设，实现要素价格市场决定、流动自主有序、配置高效公平。强化消费者权益保护，探索建立集体诉讼制度。加强资本市场基础制度建设，健全具有高度适应性、竞争力、普惠性的现代金融体系，有效防范化解金融风险。优化经济治理基础数据库。健全推动发展先进制造业、振兴实体经济的体制机制。实施乡村振兴战略，完善农业农村优先发展和保障国家粮食安全的制度政策，健全城乡融合发展体制机制。构建区域协调发展新机制，形成主体功能明显、优势互补、高质量发展的区域经济布局。

（四）完善科技创新体制机制。弘扬科学精神和工匠精神，加快建设创新型国家，强化国家战略科技力量，健全国家实验室体系，构建社会主义市场经济条件下关键核心技术攻关新型举国体制。加大基础研究投入，健全鼓励支持基础研究、原始创新的体制机制。建立以企业为主体、市场为导向、产学研深度融合的技术创新体系，支持大中小企业和各类主体融通创新，创新促进科技成果转化机制，积极发展新动能，强化标准引领，提升产业基础能力和产业链现代化水平。完善科技人才发现、培养、激励机制，健全符合科研规律的科技管理体制和政策体系，改进科技评价体系，健全科技伦理治理体制。

（五）建设更高水平开放型经济新体制。实施更大范围、更宽领域、更深层次的全面开放,推动制造业、服务业、农业扩大开放,保护外资合法权益,促进内外资企业公平竞争,拓展对外贸易多元化,稳步推进人民币国际化。健全外商投资准入前国民待遇加负面清单管理制度,推动规则、规制、管理、标准等制度型开放。健全促进对外投资政策和服务体系。加快自由贸易试验区、自由贸易港等对外开放高地建设。推动建立国际宏观经济政策协调机制。健全外商投资国家安全审查、反垄断审查、国家技术安全清单管理、不可靠实体清单等制度。完善涉外经贸法律和规则体系。

七、坚持和完善繁荣发展社会主义先进文化的制度,巩固全体人民团结奋斗的共同思想基础

发展社会主义先进文化、广泛凝聚人民精神力量,是国家治理体系和治理能力现代化的深厚支撑。必须坚定文化自信,牢牢把握社会主义先进文化前进方向,围绕举旗帜、聚民心、育新人、兴文化、展形象的使命任务,坚持为人民服务、为社会主义服务,坚持百花齐放、百家争鸣,坚持创造性转化、创新性发展,激发全民族文化创造活力,更好构筑中国精神、中国价值、中国力量。

(一)坚持马克思主义在意识形态领域指导地位的根本制度。全面贯彻落实习近平新时代中国特色社会主义思想,健全用党的创新理论武装全党、教育人民工作体系,完善党委(党组)理论学习中心组等各层级学习制度,建设和用好网络学习平台。深入实施马克思主义理论研究和建设工程,把坚持以马克思主义为指导全面落实到思想理论建设、哲学社会科学研究、教育教学各方面。加强和改进学校思想政治教育，建立全员、全程、全方位育人体制机制。落实意识形态工作责任制，注意区分政治原则问题、思想认识问题、学术观点问题，旗帜鲜明反对和抵制各种错误观点。

（二）坚持以社会主义核心价值观引领文化建设制度。推动理想信念教育常态化、制度化，弘扬民族精神和时代精神，加强党史、新中国史、改革开放史教育，加强爱国主义、集体主义、社会主义教育，实施公民道德建设工程，推进新时代文明实践中心建设。坚持依法治国和以德治国相结合，完善弘扬社会主义核心价值观的法律政策体系，把社会主义核心价值观要求融入法治建设和社会治理，体现到国民教育、精神文明创建、文化产品创作生产全过程。推进中华优秀传统文化传承发展工程。完善青少年理想信念教育齐抓共管机制。健全志愿服务体系。完善诚信建设长效机制，健全覆盖全社会的征信体系，加强失信惩戒。

（三）健全人民文化权益保障制度。坚持以人民为中心的工作导向，完善文化产品创作生产传播的引导激励机制，推出更多群众喜爱的文化精品。完善城乡公共文化服务体系，优化城乡文化资源配置，推动基层文化惠民工程扩大覆盖面、增强实效性，健全支持开展群众性文化活动机制，鼓励社会力量参与公共文化服务体系建设。

（四）完善坚持正确导向的舆论引导工作机制。坚持党管媒体原则，坚持团结稳定鼓劲、正面宣传为主，唱响主旋律、弘扬正能量。构建网上网下一体、内宣外宣联动的主流舆论格局，建立以内容建设为根本、先进技术为支撑、创新管理为保障的全媒体传播体系。改进和创新正面宣传，完善舆论监督制度，健全重大舆情和突发事件舆论引导机制。建立健全网络综合治理体系，加强和创新互联网内容建设，落实互联网企业信息管理主体责任，全面提高网络治理能力，营造清朗的网络空间。

（五）建立健全把社会效益放在首位、社会效益和经济效益相统一的文化创作生产体制机制。深化文化体制改革，加快完善遵循社会主义先进文化发展规律、体现社会主义市场经济要求、有利于激发文化创新创造活力的文化管理体制和生产经营机制。健全现代文化产业体系和市场体系，完善以高质量发展为导向的文化经济政策。完善文化企业履行社会责任制度，健全引导新型文化业态健康发展机制。完善文化和旅游融合发展体制机制。加强文艺创作引导，完善倡导讲品位讲格调讲责任、抵制低俗庸俗媚俗的工作机制。

八、坚持和完善统筹城乡的民生保障制度，满足人民日益增长的美好生活需要

增进人民福祉、促进人的全面发展是我们党立党为公、执政为民的本质要求。必须健全幼有所育、学有所教、劳有所得、病有所医、老有所养、住有所居、弱有所扶等方面国家基本公共服务制度体系，尽力而为，量力而行，注重加强普惠性、基础性、兜底性民生建设，保障群众基本生活。创新公共服务提供方式，鼓励支持社会力量兴办公益事业，满足人民多层次多样化需求，使改革发展成果更多更公平惠及全体人民。

（一）健全有利于更充分更高质量就业的促进机制。坚持就业是

民生之本，实施就业优先政策，创造更多就业岗位。健全公共就业服务和终身职业技能培训制度，完善重点群体就业支持体系。建立促进创业带动就业、多渠道灵活就业机制，对就业困难人员实行托底帮扶。坚决防止和纠正就业歧视，营造公平就业制度环境。健全劳动关系协调机制，构建和谐劳动关系，促进广大劳动者实现体面劳动、全面发展。

（二）构建服务全民终身学习的教育体系。全面贯彻党的教育方针，坚持教育优先发展，聚焦办好人民满意的教育，完善立德树人体制机制，深化教育领域综合改革，加强师德师风建设，培养德智体美劳全面发展的社会主义建设者和接班人。推动城乡义务教育一体化发展，健全学前教育、特殊教育和普及高中阶段教育保障机制，完善职业技术教育、高等教育、继续教育统筹协调发展机制。支持和规范民办教育、合作办学。构建覆盖城乡的家庭教育指导服务体系。发挥网络教育和人工智能优势，创新教育和学习方式，加快发展面向每个人、适合每个人、更加开放灵活的教育体系，建设学习型社会。

（三）完善覆盖全民的社会保障体系。坚持应保尽保原则，健全统筹城乡、可持续的基本养老保险制度、基本医疗保险制度，稳步提高保障水平。加快建立基本养老保险全国统筹制度。加快落实社保转移接续、异地就医结算制度，规范社保基金管理，发展商业保险。统筹完善社会救助、社会福利、慈善事业、优抚安置等制度。健全退役军人工作体系和保障制度。坚持和完善促进男女平等、妇女全面发展的制度机制。完善农村留守儿童和妇女、老年人关爱服务体系，健全残疾人帮扶制度。坚决打赢脱贫攻坚战，巩固脱贫攻坚成果，建立解决相对贫困的长效机制。加快建立多主体供给、多渠道保障、租购并举的住房制度。

（四）强化提高人民健康水平的制度保障。坚持关注生命全周期、健康全过程，完善国民健康政策，让广大人民群众享有公平可及、系统连续的健康服务。深化医药卫生体制改革，健全基本医疗卫生制度，提高公共卫生服务、医疗服务、医疗保障、药品供应保障水平。加快现代医院管理制度改革。坚持以基层为重点、预防为主、防治结合、中西医并重。加强公共卫生防疫和重大传染病防控，健全重特大疾病医疗保险和救助制度。优化生育政策，提高人口质量。积极应对人口老龄化，加快建设居家社区机构相协调、医养康养相结合的养老服务体系。聚焦增强人民体质，健全促进全民健身制度性举措。

九、坚持和完善共建共治共享的社会治理制度，保持社会稳定、维护国家安全

社会治理是国家治理的重要方面。必须加强和创新社会治理，完善党委领导、政府负责、民主协商、社会协同、公众参与、法治保障、科技支撑的社会治理体系，建设人人有责、人人尽责、人人享有的社会治理共同体，确保人民安居乐业、社会安定有序，建设更高水平的平安中国。

（一）完善正确处理新形势下人民内部矛盾有效机制。坚持和发展新时代"枫桥经验"，畅通和规范群众诉求表达、利益协调、权益保障通道，完善信访制度，完善人民调解、行政调解、司法调解联动工作体系，健全社会心理服务体系和危机干预机制，完善社会矛盾纠纷多元预防调处化解综合机制，努力将矛盾化解在基层。

（二）完善社会治安防控体系。坚持专群结合、群防群治，提高社会治安立体化、法治化、专业化、智能化水平，形成问题联治、工作联动、平安联创的工作机制，提高预测预警预防各类风险能力，增强社会治安防控的整体性、协同性、精准性。

（三）健全公共安全体制机制。完善和落实安全生产责任和管理制度，建立公共安全隐患排查和安全预防控制体系。构建统一指挥、专常兼备、反应灵敏、上下联动的应急管理体制，优化国家应急管理能力体系建设，提高防灾减灾救灾能力。加强和改进食品药品安全监管制度，保障人民身体健康和生命安全。

（四）构建基层社会治理新格局。完善群众参与基层社会治理的制度化渠道。健全党组织领导的自治、法治、德治相结合的城乡基层治理体系，健全社区管理和服务机制，推行网格化管理和服务，发挥群团组织、社会组织作用，发挥行业协会商会自律功能，实现政府治理和社会调节、居民自治良性互动，夯实基层社会治理基础。加快推进市域社会治理现代化。推动社会治理和服务重心向基层下移，把更多资源下沉到基层，更好提供精准化、精细化服务。注重发挥家庭家教家风在基层社会治理中的重要作用。加强边疆治理，推进兴边富民。

（五）完善国家安全体系。坚持总体国家安全观，统筹发展和安全，坚持人民安全、政治安全、国家利益至上有机统一。以人民安全为宗旨,以政治安全为根本,以经济安全为基础,以军事、科技、文化、社会安全为保障,健全国家安全体系,增强国家安全能力。完善集中统一、高效权威的国家安全领导体制,健全国家安全法律制度体系。加强国家安全人民防线建设,增强全民国家安全意识,建立健全国家安全风险研判、防控协同、防范化解机制。提高防范抵御国家安全风险能力,高度警惕、坚决防范和严厉打击敌对势力渗透、破坏、颠覆、分裂活动。

十、坚持和完善生态文明制度体系,促进人与自然和谐共生

生态文明建设是关系中华民族永续发展的千年大计。必须践行绿水青山就是金山银山的理念,坚持节约资源和保护环境的基本国策,坚持节约优先、保护优先、自然恢复为主的方针,坚定走生产发展、生活富裕、生态良好的文明发展道路,建设美丽中国。

(一)实行最严格的生态环境保护制度。坚持人与自然和谐共生,坚守尊重自然、顺应自然、保护自然,健全源头预防、过程控制、损害赔偿、责任追究的生态环境保护体系。加快建立健全国土空间规划和用途统筹协调管控制度,统筹划定落实生态保护红线、永久基本农田、城镇开发边界等空间管控边界以及各类海域保护线,完善主体功能区制度。完善绿色生产和消费的法律制度和政策导向,发展绿色金融,推进市场导向的绿色技术创新,更加自觉地推动绿色循环低碳发展。构建以排污许可制为核心的固定污染源监管制度体系,完善污染防治区域联动机制和陆海统筹的生态环境治理体系。加强农业农村环境污染防治。完善生态环境保护法律体系和执法司法制度。

（二）全面建立资源高效利用制度。推进自然资源统一确权登记法治化、规范化、标准化、信息化，健全自然资源产权制度，落实资源有偿使用制度，实行资源总量管理和全面节约制度。健全资源节约集约循环利用政策体系。普遍实行垃圾分类和资源化利用制度。推进能源革命，构建清洁低碳、安全高效的能源体系。健全海洋资源开发保护制度。加快建立自然资源统一调查、评价、监测制度，健全自然资源监管体制。

（三）健全生态保护和修复制度。统筹山水林田湖草一体化保护和修复，加强森林、草原、河流、湖泊、湿地、海洋等自然生态保护。加强对重要生态系统的保护和永续利用，构建以国家公园为主体的自然保护地体系，健全国家公园保护制度。加强长江、黄河等大江大河生态保护和系统治理。开展大规模国土绿化行动，加快水土流失和荒漠化、石漠化综合治理，保护生物多样性，筑牢生态安全屏障。除国家重大项目外，全面禁止围填海。

（四）严明生态环境保护责任制度。建立生态文明建设目标评价考核制度，强化环境保护、自然资源管控、节能减排等约束性指标管理，严格落实企业主体责任和政府监管责任。开展领导干部自然资源资产离任审计。推进生态环境保护综合行政执法，落实中央生态环境保护督察制度。健全生态环境监测和评价制度，完善生态环境公益诉讼制度，落实生态补偿和生态环境损害赔偿制度，实行生态环境损害责任终身追究制。

十一、坚持和完善党对人民军队的绝对领导制度，确保人民军队忠实履行新时代使命任务

人民军队是中国特色社会主义的坚强柱石，党对人民军队的绝对领导是人民军队的建军之本、强军之魂。必须牢固确立习近平强军思想在国防和军队建设中的指导地位，巩固和拓展深化国防和军队改革成果，构建中国特色社会主义军事政策制度体系，全面推进国防和军队现代化，确保实现党在新时代的强军目标，把人民军队全面建成世界一流军队，永葆人民军队的性质、宗旨、本色。

（一）坚持人民军队最高领导权和指挥权属于党中央。中央军委实行主席负责制是坚持党对人民军队绝对领导的根本实现形式。坚持全国武装力量由军委主席统一领导和指挥，完善贯彻军委主席负责制的体制机制，严格落实军委主席负责制各项制度规定。严明政治纪律和政治规矩，坚决维护党中央、中央军委权威，确保政令军令畅通。

（二）健全人民军队党的建设制度体系。全面贯彻政治建军各项要求，突出抓好军魂培育，发扬优良传统，传承红色基因，坚决抵制"军队非党化、非政治化"和"军队国家化"等错误政治观点。坚持党委制、政治委员制、政治机关制，坚持党委统一的集体领导下的首长分工负责制，坚持支部建在连上，完善党领导军队的组织体系。建设坚强有力的党组织和高素质专业化干部队伍，确保枪杆子永远掌握在忠于党的可靠的人手中。

（三）把党对人民军队的绝对领导贯彻到军队建设各领域全过

程。贯彻新时代军事战略方针，坚持战斗力根本标准，建立健全基于联合、平战一体的军事力量运用政策制度体系，构建新时代军事战略体系，加强联合作战指挥体系和能力建设，调整完善战备制度，健全实战化军事训练制度，有效塑造态势、管控危机、遏制战争、打赢战争。坚持以战领建、抓建为战，建立健全聚焦打仗、激励创新、军民融合的军事力量建设政策制度体系，统筹解放军现役部队和预备役部队、武装警察部队、民兵建设，统筹军队各类人员制度安排，深化军官职业化制度、文职人员制度、兵役制度等改革，推动形成现代化战斗力生成模式，构建现代军事力量体系。建立健全精准高效、全面规范、刚性约束的军事管理政策制度体系，强化军委战略管理功能，加强中国特色军事法治建设，提高军队系统运行效能。加快军民融合深度发展步伐，构建一体化国家战略体系和能力。完善国防科技创新和武器装备建设制度。深化国防动员体制改革。加强全民国防教育。健全党政军警民合力强边固防工作机制。完善双拥工作和军民共建机制，加强军政军民团结。

十二、坚持和完善"一国两制"制度体系，推进祖国和平统一

"一国两制"是党领导人民实现祖国和平统一的一项重要制度，是中国特色社会主义的一个伟大创举。必须坚持"一国"是实行"两制"的前提和基础，"两制"从属和派生于"一国"并统一于"一国"之内。严格依照宪法和基本法对香港特别行政区、澳门特别行政区实行管治，坚定维护国家主权、安全、发展利益，维护香港、

澳门长期繁荣稳定，绝不容忍任何挑战"一国两制"底线的行为，绝不容忍任何分裂国家的行为。

（一）全面准确贯彻"一国两制"、"港人治港"、"澳人治澳"、高度自治的方针。坚持依法治港治澳，维护宪法和基本法确定的宪制秩序，把坚持"一国"原则和尊重"两制"差异、维护中央对特别行政区全面管治权和保障特别行政区高度自治权、发挥祖国内地坚强后盾作用和提高特别行政区自身竞争力结合起来。完善特别行政区同宪法和基本法实施相关的制度和机制，坚持以爱国者为主体的"港人治港"、"澳人治澳"，提高特别行政区依法治理能力和水平。

（二）健全中央依照宪法和基本法对特别行政区行使全面管治权的制度。完善中央对特别行政区行政长官和主要官员的任免制度和机制、全国人大常委会对基本法的解释制度，依法行使宪法和基本法赋予中央的各项权力。建立健全特别行政区维护国家安全的法律制度和执行机制，支持特别行政区强化执法力量。健全特别行政区行政长官对中央政府负责的制度，支持行政长官和特别行政区政府依法施政。完善香港、澳门融入国家发展大局、同内地优势互补、协同发展机制，推进粤港澳大湾区建设，支持香港、澳门发展经济、改善民生，着力解决影响社会稳定和长远发展的深层次矛盾和问题。加强对香港、澳门社会特别是公职人员和青少年的宪法和基本法教育、国情教育、中国历史和中华文化教育，增强香港、澳门同胞国家意识和爱国精神。坚决防范和遏制外部势力干预港澳事务和进行分裂、颠覆、渗透、破坏活动，确保香港、澳门长治久安。

（三）坚定推进祖国和平统一进程。解决台湾问题、实现祖国完全统一，是全体中华儿女共同愿望，是中华民族根本利益所在。推动两岸就和平发展达成制度性安排。完善促进两岸交流合作、深化两岸融合发展、保障台湾同胞福祉的制度安排和政策措施，团结广大台湾同胞共同反对"台独"、促进统一。在确保国家主权、安全、发展利益的前提下，和平统一后，台湾同胞的社会制度和生活方式将得到充分尊重，台湾同胞的私人财产、宗教信仰、合法权益将得到充分保障。

十三、坚持和完善独立自主的和平外交政策，推动构建人类命运共同体

推动党和国家事业发展需要和平国际环境和良好外部条件。必须统筹国内国际两个大局，高举和平、发展、合作、共赢旗帜，坚定不移维护国家主权、安全、发展利益，坚定不移维护世界和平、促进共同发展。

（一）健全党对外事工作领导体制机制。坚持外交大权在党中央，加强中国特色大国外交理论建设，全面贯彻党中央外交大政方针和战略部署。深入推进涉外体制机制建设，统筹协调党、人大、政府、政协、军队、地方、人民团体等的对外交往，加强党总揽全局、协调各方的对外工作大协同格局。加强涉外法治工作，建立涉外工作法务制度，加强国际法研究和运用，提高涉外工作法治化水平。

（二）完善全方位外交布局。坚定不移走和平发展道路，坚持在和平共处五项原则基础上全面发展同各国的友好合作，坚持国家不

分大小、强弱、贫富一律平等，推动建设相互尊重、公平正义、合作共赢的新型国际关系，积极发展全球伙伴关系，维护全球战略稳定，反对一切形式的霸权主义和强权政治。坚持通过对话协商、以和平手段解决国际争端和热点难点问题，反对动辄使用武力或以武力相威胁。坚持奉行防御性的国防政策，永远不称霸，永远不搞扩张，永远做维护世界和平的坚定力量。

（三）推进合作共赢的开放体系建设。坚持互利共赢的开放战略，推动共建"一带一路"高质量发展，维护完善多边贸易体制，推动贸易和投资自由化便利化，推动构建面向全球的高标准自由贸易区网络，支持广大发展中国家提高自主发展能力，推动解决全球发展失衡、数字鸿沟等问题，推动建设开放型世界经济。健全对外开放安全保障体系。构建海外利益保护和风险预警防范体系，完善领事保护工作机制，维护海外同胞安全和正当权益，保障重大项目和人员机构安全。

（四）积极参与全球治理体系改革和建设。高举构建人类命运共同体旗帜，秉持共商共建共享的全球治理观，倡导多边主义和国际关系民主化，推动全球经济治理机制变革。推动在共同但有区别的责任、公平、各自能力等原则基础上开展应对气候变化国际合作。维护联合国在全球治理中的核心地位，支持上海合作组织、金砖国家、二十国集团等平台机制化建设，推动构建更加公正合理的国际治理体系。

十四、坚持和完善党和国家监督体系，强化对权力运行的制约和监督

党和国家监督体系是党在长期执政条件下实现自我净化、自我完善、自我革新、自我提高的重要制度保障。必须健全党统一领导、全面覆盖、权威高效的监督体系，增强监督严肃性、协同性、有效性，形成决策科学、执行坚决、监督有力的权力运行机制，确保党和人民赋予的权力始终用来为人民谋幸福。

（一）健全党和国家监督制度。完善党内监督体系，落实各级党组织监督责任，保障党员监督权利。重点加强对高级干部、各级主要领导干部的监督，完善领导班子内部监督制度，破解对"一把手"监督和同级监督难题。强化政治监督，加强对党的理论和路线方针政策以及重大决策部署贯彻落实情况的监督检查，完善巡视巡察整改、督察落实情况报告制度。深化纪检监察体制改革，加强上级纪委监委对下级纪委监委的领导，推进纪检监察工作规范化、法治化。完善派驻监督体制机制。推进纪律监督、监察监督、派驻监督、巡视监督统筹衔接，健全人大监督、民主监督、行政监督、司法监督、群众监督、舆论监督制度，发挥审计监督、统计监督职能作用。以党内监督为主导，推动各类监督有机贯通、相互协调。

（二）完善权力配置和运行制约机制。坚持权责法定，健全分事行权、分岗设权、分级授权、定期轮岗制度，明晰权力边界，规范工作流程，强化权力制约。坚持权责透明，推动用权公开，完善党务、政务、司法和各领域办事公开制度，建立权力运行可查询、可

追溯的反馈机制。坚持权责统一，盯紧权力运行各个环节，完善发现问题、纠正偏差、精准问责有效机制，压减权力设租寻租空间。

（三）构建一体推进不敢腐、不能腐、不想腐体制机制。坚定不移推进反腐败斗争，坚决查处政治问题和经济问题交织的腐败案件，坚决斩断"围猎"和甘于被"围猎"的利益链，坚决破除权钱交易的关系网。深化标本兼治，推动审批监管、执法司法、工程建设、资源开发、金融信贷、公共资源交易、公共财政支出等重点领域监督机制改革和制度建设，推进反腐败国家立法，促进反腐败国际合作，加强思想道德和党纪国法教育，巩固和发展反腐败斗争压倒性胜利。

十五、加强党对坚持和完善中国特色社会主义制度、推进国家治理体系和治理能力现代化的领导

坚持和完善中国特色社会主义制度、推进国家治理体系和治理能力现代化，是全党的一项重大战略任务。必须在党中央统一领导下进行，科学谋划、精心组织、远近结合、整体推进，确保本次全会所确定的各项目标任务全面落实到位。

制度的生命力在于执行。各级党委和政府以及各级领导干部要切实强化制度意识，带头维护制度权威，做制度执行的表率，带动全党全社会自觉尊崇制度、严格执行制度、坚决维护制度。健全权威高效的制度执行机制，加强对制度执行的监督，坚决杜绝做选择、搞变通、打折扣的现象。

加强制度理论研究和宣传教育，引导全党全社会充分认识中国

特色社会主义制度的本质特征和优越性，坚定制度自信。教育引导广大干部群众认识到，中国特色社会主义制度和国家治理体系经过长期实践检验，来之不易，必须倍加珍惜；完善和发展我国国家制度和治理体系，必须坚持从国情出发、从实际出发，既把握长期形成的历史传承，又把握党和人民在我国国家制度建设和国家治理方面走过的道路、积累的经验、形成的原则，不能照抄照搬他国制度模式，既不走封闭僵化的老路，也不走改旗易帜的邪路，坚定不移走中国特色社会主义道路。

把提高治理能力作为新时代干部队伍建设的重大任务。通过加强思想淬炼、政治历练、实践锻炼、专业训练，推动广大干部严格按照制度履行职责、行使权力、开展工作，提高推进"五位一体"总体布局和"四个全面"战略布局等各项工作能力和水平。坚持党管干部原则，落实好干部标准，树立正确用人导向，把制度执行力和治理能力作为干部选拔任用、考核评价的重要依据。尊重知识、尊重人才，加快人才制度和政策创新，支持各类人才为推进国家治理体系和治理能力现代化贡献智慧和力量。

推进全面深化改革，既要保持中国特色社会主义制度和国家治理体系的稳定性和延续性，又要抓紧制定国家治理体系和治理能力现代化急需的制度、满足人民对美好生活新期待必备的制度，推动中国特色社会主义制度不断自我完善和发展、永葆生机活力。

全党全国各族人民要更加紧密地团结在以习近平同志为核心的党中央周围，坚定信心，保持定力，锐意进取，开拓创新，为坚持和完善中国特色社会主义制度、推进国家治理体系和治理能力现代化，实现"两个一百年"奋斗目标、实现中华民族伟大复兴的中国梦而努力奋斗！

(新华社北京 11 月 5 日电)

(《人民日报》2019 年 11 月 06 日　01 版)

附录三

为实现中华民族伟大复兴提供有力保证

（人民日报社论）

金秋时节，中国共产党第十九届中央委员会第四次全体会议胜利举行。全会听取和讨论了习近平总书记受中央政治局委托作的工作报告，充分肯定党的十九届三中全会以来中央政治局的工作。全会审议通过了《中共中央关于坚持和完善中国特色社会主义制度、推进国家治理体系和治理能力现代化若干重大问题的决定》，这是完善和发展我国国家制度和治理体系的纲领性文件。

在庆祝中华人民共和国成立 70 周年之际，党的十九届四中全会专题研究坚持和完善中国特色社会主义制度、推进国家治理体系和治理能力现代化问题并作出决定，体现了以习近平同志为核心的党中央高瞻远瞩的战略眼光和强烈的历史担当，对决胜全面建成小康社会、全面建设社会主义现代化国家，对巩固党的执政地位、确保党和国家长治久安，具有重大而深远的意义。全会通过的《决定》从党和国家事业发展的全局和长远出发，准确把握我国国家制度和国家治理体系的演进方向和规律，深刻回答了"坚持和巩固什么、完善和发展什么"这个重大政治问题，既阐明了必须牢牢坚持的重大制度和原则，又部署了推进制度建设的重大任务和举措，体现了总结历史和面向未来的统一、保持定力和改革创新的统一、问题导向和目标导向的统一，必将对推动各方面制度更加成熟更加定型、把我国制度优势更好转化为国家治理效能产生重大而深远的影响。

中国特色社会主义制度是党和人民在长期实践探索中形成的科学制度体系，我国国家治理一切工作和活动都依照中国特色社会主义制度展开，我国国家治理体系和治理能力是中国特色社会主义制度及其执行能力的集中体现。新中国70年取得的历史性成就充分证明，中国特色社会主义制度是当代中国发展进步的根本保障。中国特色社会主义制度和国家治理体系是以马克思主义为指导、植根中国大地、具有深厚中华文化根基、深得人民拥护的制度和治理体系，是具有强大生命力和巨大优越性的制度和治理体系，是能够持续推动拥有近14亿人口大国进步和发展、确保拥有5000多年文明史的中华民族实现"两个一百年"奋斗目标进而实现伟大复兴的制度和治理体系。实践充分表明，我国国家制度和国家治理体系具有多方面的显著优势，这些显著优势，是我们坚定中国特色社会主义道路自信、理论自信、制度自信、文化自信的基本依据。

当今世界正经历百年未有之大变局，我国正处于实现中华民族伟大复兴关键时期。顺应时代潮流，适应我国社会主要矛盾变化，统揽伟大斗争、伟大工程、伟大事业、伟大梦想，不断满足人民对美好生活新期待，战胜前进道路上的各种风险挑战，必须在坚持和完善中国特色社会主义制度、推进国家治理体系和治理能力现代化上下更大功夫。这次全会专题研究坚持和完善中国特色社会主义制度、推进国家治理体系和治理能力现代化问题，正是考虑这是实现"两个一百年"奋斗目标的重大任务，必须对此进行系统总结，提出与时俱进完善和发展的前进方向和工作要求；这是把新时代改革开放推向前进的根本要求，必须以此为主轴，把制度建设和治理能力建设摆到更加突出的位置，推动各方面制度更加成熟更加定型，推进国家治理体系和治理能力现代化；这是应对风险挑战、赢得主动的有力保证，必须运用制度威力应对风险挑战的冲击，打赢防范化解重大风险攻坚战。

"经国序民，正其制度"。坚持和完善中国特色社会主义制度、推进国家治理体系和治理能力现代化的总体目标是，到我们党成立100年时，在各方面制度更加成熟更加定型上取得明显成效；到2035年，各方面制度更加完善，基本实现国家治理体系和治理能力现代化；到新中国成立100年时，全面实现国家治理体系和治理能力现代化，使中国特色社会主义制度更加巩固、优越性充分展现。只有坚持党的领导、人民当家作主、依法治国有机统一，坚持解放思想、实事求是，坚持改革创新，突出坚持和完善支撑中国特色社会主义制度的根本制度、基本制度、重要制度，着力固根基、扬优势、补短板、强弱项，构建系统完备、科学规范、运行有效的制度体系，加强系统治理、依法治理、综合治理、源头治理，把我国制度优势更好转化为国家治理效能，才能为实现"两个一百年"奋斗目标、实现中华民族伟大复兴的中国梦提供有力保证。

坚持和完善中国特色社会主义制度、推进国家治理体系和治理能力现代化，是全党的一项重大战略任务。必须在党中央统一领导下进行，科学谋划、精心组织，远近结合、整体推进，确保本次全会所确定的各项目标任务全面落实到位。各级党委和政府以及各级领导干部要切实强化制度意识，带头维护制度权威，做制度执行的表率，带动全党全社会自觉尊崇制度、严格执行制度、坚决维护制度。让我们更加紧密地团结在以习近平同志为核心的党中央周围，增强"四个意识"，坚定"四个自信"，做到"两个维护"，不忘初心、牢记使命，锐意进取、开拓创新，为坚持和完善中国特色社会主义制度、推进国家治理体系和治理能力现代化，实现"两个一百年"奋斗目标、实现中华民族伟大复兴的中国梦而努力奋斗。

(《人民日报》2019 年 11 月 01 日　02 版)